现代文化产业管理与发展研究

王晓涵 著

地质出版社

·北京·

图书在版编目（CIP）数据

现代文化产业管理与发展研究 / 王晓涵著. -- 北京：
地质出版社, 2018.7（2025.1 重印）
　ISBN 978-7-116-11093-9

　Ⅰ. ①现… Ⅱ. ①王… Ⅲ. ①文化产业－管理－研究
－中国②文化产业－产业发展－研究－中国 Ⅳ.
①G124

中国版本图书馆 CIP 数据核字(2018)第 160614 号

XIANDAI WENHUA CHANYE GUANLI YU FAZHAN YANJIU

责任编辑：林建　李云浮
责任校对：王洪强
出版发行：地质出版社
社址邮编：北京市海淀区学院路 31 号，100083
电　　话：(010)66554542(编辑部)
网　　址：http//:www.gph.com.cn
传　　真：(010)66554577
印　　刷：北京地大彩印有限公司
开　　本：787mm×1092mm　1/16
印　　张：14
字　　数：205 千字
版　　次：2018 年 7 月北京第 1 次版
印　　次：2025 年 1 月北京第 2 次印刷
定　　价：48.00 元
书　　号：ISBN 978-7-116-11093-9

(如对本书有建议或意见，敬请致电本社；如本书有印装问题，本社负责调换)

前　　言

　　文化是一个民族的精神和灵魂，是国家发展和民族振兴的强大力量。党的十九大报告，提出了新时代文化建设的基本方略，明确了文化建设在中国特色社会主义建设总体布局中的定位，提出了新时代文化建设的目标，指出了新时代文化建设的着力点，提出了新时代文化建设的基本要求。随着经济全球化进程的加快，作为 21 世纪两大新兴支柱产业之一的文化产业，已成为世界经济增长的一大新亮点。 近年来，我国文化产业发展迅速，但却始终未能走在世界文化产业发展的前列。未来的发展要繁荣文化事业和文化产业，满足人民群众不断增长的精神文化需求，推动文化产业成为国民经济支柱性产业，充分发挥文化引导社会、教育人民、推动发展的功能，提升国家文化软实力。建议中将文化产业上升到一个新的高度，必须审时度势，紧抓历史机遇，做强文化产业，使文化成为引领我国新一轮发展和经济转型升级的重要力量，这是我国当前的紧迫任务和重要课题。

　　随着全球化、网络化时代的到来，文化产业发展水平已成了决定国家软实力和文化竞争力的关键因素。文化产业是世界经济的重要组成部分，是我国文化建设中的重要内容。为找到推动文化产业快速健康发展的道路，进行管理体制理论上的探究十分必要。文化产业管理体制相较于文化体制来说，更符合经济全球化背景下的研究话语体系，也使理论指导实践的方向更加明确。

　　本书共分为七章。其中，第一章从全局的角度，对文化产业发展的演进过程及发展现状进行了论述；第二章对文化产业发展战略问题进行了分析，包括文化产业发展战略实施的前提及战略的选择等；第三章针对文化产业管理及其层次问题进行了分析，从不同的角度论述了当前我国文化产业管理现状；第四章阐述了文化产业项目管理问题，包括项目的内涵、运营组织、团队管理及项目控制等问题；第五章分别从影视文化行业、新闻行业及新媒体文化行业入手，对不同文化行业的管理问题进行了探讨；第六章阐述了文化产业发展的支持系统开发问题，包括法律支持、政策支持和舆论支持等；第七章针对文化产业发展的核心竞争力培育问题进行了探讨，指出必须要提高文化产业的品牌意识，促使文化产业集约效应的发挥等。

　　本书在写作过程中参考了众多专家学者的研究成果，在此表示诚挚的感谢！由于时间和精力的限制，本书的研究内容可能会出现疏漏，恳请广大读者积极给予指正，以使本书不断完善！

作　者

2018 年 5 月

目　　录

第一章　文化产业及其管理的科学认识

文化产业管理是一门新兴学科，其研究的对象是文化产业。不同于其他产业，文化产业生产、经营与管理的对象是精神产品。对于文化的不同理解和认识，决定了人们如何理解、运作和管理文化产业。文化产业管理既要遵循产业经济运行的一般规律，又要符合文化本身的特殊规律。文化产业不但包括对精神内容的市场化和工业化的生产与复制，同时也对其他产业，如制造业、服务业等产生巨大的影响。尤其重要的是，文化产业是内容的生产与复制，具有明显的意识形态属性。文化与产业的关系既是矛盾的，又是统一的。对文化、文化产业等基本概念，以及文化与产业关系的正确认识，是文化产业研究与文化产业实践的前提和基础。

第一节　文化产业的概念

一、文化产业与文化事业

(一) 文化产业

文化产业首先是产业，属于经济学研究范畴，更确切地说是属于文化经济学的范畴。因此，理解文化产业的关键在于"产业"。产业(Industry)是介于微观经济组织(厂商、家庭)和宏观经济组织(国民经济)之间的中观经济层次。作为一个经济概念，产业的产生和发展是一个历史的过程，它随着社会分工的深化和生产力的发展而逐步形成和演变，是一个具有部门、行业、业种等多种层次的经济系统。

文化产业是一个独立的经济门类，指从事文化产品与文化服务的生产经营活动以及为其提供相关服务，以满足人们精神文化需求为目的的产业群。文化产业包括两方面含义：一是文化的产业化，二是产业的文化化。文化产业不仅具有其他产业所具有的技术性和商业性的所有特点，而且还具有文化特性。

2004 年，为贯彻落实党的十六大关于文化建设和文化体制改革的要求，建立科学可行的文化产业统计，规范文化及相关产业的范围，国家统计局在与中宣部及国务院有关部门共同研究的基础上，依据《国民经济行业分类》(GB/T 4754—2002)，制定了《文化及相关产业分类》，并作为国家统计标准颁布实施。从实施情况看，以此分类为基础开展的统计工作为反映我国文化产业的发展状况，为文化体制改革和文化产业发展宏观决策提供了重要的基础信息。

党的十七届五中全会提出推动文化产业成为国民经济支柱性产业的战略目标，党的十七届六中全会进一步强调推动文化产业跨越式发展，使之成为新的增长点、经济结构战略性调整的重要支点、转变经济发展方式的重要着力点，对文化产业统计工作提出了新的要求。同时，由于新的《国民经济行业分类》(GB/T 4754—2011)颁布实施，《2009 年联合国教科文组织文化统计框架》的发布，文化新业态的不断涌现，有必要对 2004 年制定的《文化及相关产业分类》进行修订。2011 年 9 月 28 日，中共中央宣传部、国家统计局在北京召开了文化产业统计研讨会，会议决定对现行分类进行修订，新的分类标准从 2012 年统计年报开始正式实行。

根据国家统计局颁布的《文化及相关产业分类(2012)》，分类规定的文化及相关产业是指为社会公众提供文化产品和文化相关产品的生产活动的集合。我国文化及相关产业的范围包括以下四方面。

(1) 以文化为核心内容，为直接满足人们的精神需要而进行的创作、制造、传播、展示等文化产品(包括货物和服务)的生产活动；

(2) 为实现文化产品生产所必需的辅助生产活动；

(3) 作为文化产品实物载体或制作(使用、传播、展示)工具的文化用品的生产活动(包括制造和销售)；

(4) 为实现文化产品生产所需专用设备的生产活动(包括制造和销售)。

本分类将我国文化及相关产业分为五层。

第一层分为"文化产品的生产"和"文化相关产品的生产"两部分；第二层根据管理需要和文化生产活动的自身特点分为 10 个大类，即"新闻出版发行服务"、"广播电视电影服务"、"文化艺术服务"、"文化信息传输服务"、"文化创意和设计服务"、"文化休闲娱乐服务"、"工艺美术品的生产"、"文化产品生产的辅助生产"、"文化用品的生产"和"文化专用设备的生产"；第三层依照文化生产活动的相近性分为 50 个种类；第四层是具体的活动类别，共计 120 个小类；第五层是对于含有部分文化生产活动的小类设置延伸层，共计 29 个。

(二) 文化事业

在中国，文化产业是一个与文化事业相对的概念。公益性文化事业与经营性文化产业都是大文化范畴内的具体概念，共同构成中国的文化建设。根据《文化及相关产业分类(2012)》，统计上所称的"文化及相关产业"指本分类所覆盖的全部单位，"文化产业"仅指经营性文化单位的集合，"文化事业"仅指公益性文化单位的集合。

文化事业本身也分为几个层次：第一层次是泛指整个文化，如我们通常使用的"发展文化事业"就是指发展整个文化；第二层次是指与文化产业相对的整个文化事业，具体包括公益文化和部分市场文化；第三层次是指文化事业单位，即受国家各级文化行政部门直接管理的、生产文化产品和提供文化服务的社会组织。尽管文化产业与文化事业的出发点、目标、运行机制及投资主体均有所不同，但两者却相辅相成、相得益彰，并且有时会相互融合、相互促进、"你中有我、我中有你"。两者的联系主要体现在以下几个方面。

第一，发展文化事业能够拉动文化产业的发展。对文化事业的投入也是对文化产业的间接性投资，是为文化产业作出开源性的投资，同时也是对文化产业消费潜能的培养。文化事业搞好了，才能促使公众对文化产生兴趣，从而培养和提高民众的文化素养，为消费文化产品和文化服务创造条件。这就必然会带来文化的直接消费或相关消费，为文化产业培养、创造和拓展文化市场，拉动文化产业的发展。同时，公益性文化事业的发展，也会直接拉动对文化产品和服务的需求，为文化产业的发展提供市场空间，从而推动文化产业向前发展。

第二，发展文化产业为发展文化事业奠定物质基础。文化产业发展了，才会对文化事业产生投入的回报。文化产业也是文化事业经济基础的一部分，文化事业的投入中有一部分直接来源于文化产业。例如，各地开征的文化事业建设费、设立的宣传文化事业基金，就是直接从文化产业部门的营业收入中收取的。这就是我们常说的"以文养文，以文补文，以文促文"。文化产业发展了，可以为国家创造更多的税收，使国家有更多的物力财力用以支持文化事业的发展。

第三，文化事业和文化产业在一定条件下会相互转化。文化事业和文化产业的划分也不是绝对的，在一定的条件下是可以相互转化的。有些文化事业，当社会经济发展，人们消费水平提高后就会发展成文化产业。例如，过去广播电视是作为文化事业来对待，而随着市场经济的发展，广播电视业中的某些节目提供、网络传输、节目播出等采取了产业方式经营，变成了文化产业。而有的文化产业，当消费者减少时就会转成文化事业，这时就需要以国家或社会投入来加以保护，如民族音乐、戏曲等某些传统艺术。

文化事业和文化产业的相互转化，体现了社会主义市场经济规律的作用。文化产业外延的确定基于内涵的确立。从文化产业的外延上看，文化产业既包括原有文化事业体制下的一些行业，也囊括了活跃于市场经济中的新行业，它涵盖了生产、营销、消费的各个环节，并将跨越于第一、二、三产业的一些行业也纳于其中。

二、文化产业的特征

(一) 文化产业的本质特征

文化产业的本质特征揭示了文化产业与其他经济部门的根本差别。文化产业与一般经济部门明显的不同之处有以下六点。

1. 文化产业的本质在于文化的市场化与产业化

文化产业区别于其他产业的独特内涵和本质特征就在于，它提供的不是一般的物质产品，满足消费者的物质需求，而是精神产品，"直指人心"，满足人们的精神文化需求。从文化到文化产业是一个历史过程，即文化的产业化过程。在现代社会，随着科学技术的发展，大规模的都市化和人口的高度集中，以及精英教育向大众教育的转变，孕育了庞大的文化消费市场和消费群体。各种文化要素本身就能够成为孵化人类消费欲望的资源，或者说成为人们的现代消费生活的对象。人不仅是一种经济动物，更是一种文化动物，是文化的实践者。

按照马斯洛的需求层次理论，人在基本的生理需求获得满足后，势必会产生满足自己精神生活的需求，因此，文化不仅是人类精神活动的创造物，也可以成为人类精神生活的消费对象。在这个过程中，在强劲增长的市场需求的带动下，文化生产和传播的各个环节逐步展开，并成为一个包括创意、生产、销售于一体的产业链条，形成了一个独立的新兴产业——文化产业。

2．文化产品具有商品和公共品双重属性

文化产品是一种以提升人们精神生活为目的的特殊产品，它包括精神和物质两种形态。一类是以物化劳动形态为存在形式，另一类是以活的劳动或劳务形态为存在形式。作为精神产品的文化产品，同其他物质商品一样，生产过程中消耗了一定量的社会必要劳动，是一种劳动产品，具有商品的一般属性。但是，文化产品又与一般商品不同，它具有公共品的特殊性。一般物质商品的消费是人们的一种占有与直接的使用消耗，而文化商品的消费方式在很多情况下是欣赏，它所消耗的只是文化艺术的物质载体，其文化价值不但不会被消耗，反而会在人们的共鸣中进一步增加。许多文化产品不会在消费中立即消失。一部优秀的文化作品，可以通过再版复制备份而获得永久的流传。

许多非竞争性的文化产品的消费并不影响其他人同时消费。例如，广播电视报道的时事新闻，可以被世界各国数以亿计的人同时接受。受众人数的增加，既不会减少原有的消费成本，也不会增加供给的成本。有些文化产品是以整个社会为对象，社会的每一个成员都可以无偿获取并消费，如城市街头的雕塑、画廊，广场社区的音乐会等。

3. 文化产品的可复制性

文化产业的核心虽然在于"原创"，但文化产品主要是通过对原创文化符号大批量复制生产出来的。文化产业的复制生产与传统制造业的批量生产有着本质不同。传统制造业的生产，如汽车，只能称为制造，而不能称为复制。复制的含义是将一个产品重新编码，然后作为自己的内容去反复再现。因此，文化产品的复制一方面是复制文化内容的载体(如光盘)，另一方面是将文化产品的内容加上自己的理解进行解码。文化产业的标准化生产指的就是复制品的"逼真性"和无差异性，就其生产了大批的科技载体而言，文化产业是在进行制造；而就其产品所负载的文化内容来说，文化产业是在进行复制。

4. 文化产业的知识密集性

知识是文化产业增长的主要贡献因素。文化产业并不过多借助于物质的力量，物质力量仅仅是其载体和润滑剂，是实现文化价值向经济价值转变的手段。人的精神、智慧与思想是文化产业的内核，是财富的直接来源。在文化产业的产业链条中，内容的创意是文化产业的起点，其余所有的环节——生产、再生产和交换都是围绕知识和创意展开的。文化产业是高固定成本、低边际成本，甚至是零边际成本的产业。文化产品生产创造之初，需要投入大量固定成本，但是一旦固定投资成本形成，在追加产品生产时，边际成本则迅速下降，甚至下降为零。例如，制作激光唱片，第一张光盘的成本极高，但是大量复制后，边际成本就趋向于零。这也说明文化产业需要很大的规模经济，如果没有强大的规模经济，就难以市场化。文化产业的知识密集性还体现在必须要运用新思想、新观念和新方法去整合、发展产业，创造财富。也正因如此，文化产业属于高收入弹性产业，只有在人们的收入达到一定水平，人们的精神文化需求强度足以支撑整个产业的发展时，它才能作为一个独立的产业兴起和发展。

5. 文化产业的意识形态性

文化产业的意识形态性来源于文化的意识形态性。文化是带有意识形态性质的特殊商品，文化的商品生产中还存在产品的商品性与艺术、意识性的矛盾，对于上述矛盾的调节，市场是失灵的。因而，文化不能全面市场化，只有适合市场化运作的文化产品和服务才能市场化。即便是对于商品性文化生产，亦应采用政府规制、管理和调节模式，实现以先进文化为指导。对文化资源的配置，绝不可以听任市场的自发作用，应该有效发挥政府的功能，使市场的"搞活"、"调适"功能与政府的管理和指导相结合。中国将文化建设分为公益性文化事业与经营性文化产业。尽管从文化产业与文化事业的区分来看，文化产业侧重于市场化运作和产业利润，文化事业侧重于意识形态，但是，文化产业和文化事业的划分不是根据有无意识形态性进行的，两者都有意识形态性，区别仅在于意识形态功能的实现形式。一方面，文化产业的本质在于文化的产业化运作，文化的意识形态性决定了在通过产业化手段和方式生产、传播文化的过程中，文化的意识形态性必然得到张扬，而不是消除。另一方面，文化产业和其他产业一样，在追求产业利润的过程中，必然带来社会效益。这完全符合亚当·斯密的"看不见的手"原理。所不同的是文化产业的社会效益在很大程度上体现为意识形态功能，也就是说，文化不仅能创造通常意义上的 GDP，还能创造另一种 GDP，即优雅(Grace)、多样化(Diversity)和积极向上的人格(Personality)。

6. 文化产业边界的不确定性

任何一个经济体系中的产业，一般应具有相对清晰的产业边界，这也是作为一个独立产业所要求的。但是，文化产业与其他产业在此方面存在显著不同。文化产业直接诞生于经济与文化的互动关系中，这两大领域的对接使经济和文化中的各个环节都可能是文化产业的范围。不仅如此，文化产业还在经济和文化之外拓展了新的领域。"从运作方式看，文化产业不仅涉及经济与文化的互动性和互补性，而且还拓展了'以知识和信息为资本'的生产空间，包含了'以智力资本、文化资本、数字资本为运营方式'的新的信息文化产业。从人类生存发展的空间而言，文化产业不仅涉及人的基本存在方式，还提升人的生活质量。"

文化的广义性决定了文化产品的广义性和文化产业的包容性、扩展性，因此，很难给出一个稳定的文化产业边界。因此，在统计和对文化产业进行数量分析时要非常小心，不能夸大或贬低，在国际比较时尤其要注意统计口径的差异。

（二）文化产业的运行特征

文化产业的运行特征揭示了文化产业运行的特殊性。分析文化产业运行特征的最终目的是提高产业运行质量，构建合理的产业运行机制，推动产业竞争优势的形成。

1. 文化产业的高渗透性

文化产业中的创意产业的核心生产要素是信息和知识，特别是文化和技术等无形资产，是具有自主知识产权的高附加值产业。创意是技术、经济和文化等相互交融的产物，创意产品是新思想、新技术、新内容的物化形式，特别是数字技术和艺术的交融和升华；是技术产业化和文化产业化交互发展的结果，可能渗透到许多产业部门。从文化产业的外延上看，文化产业涵盖了生产、营销、消费的各个环节，"文化产业之树，长于第三产业，而它的枝、茎已蔓延至第二产业"。正因为文化产业拥有如此强大的包容性，因此很难将其从传统产业类型中完全分离出来。

2. 文化生产运行的双重性

文化生产作为一种特殊的商品生产，无论内容还是形式，都兼有精神和物质的双重性，受价值规律与文艺规律的双重支配。"科学、艺术等，都不过是生产的一些特殊形式，并且受生产的普遍规律的支配。"因此，文化的生产、分配、交换和消费必然遵循商品生产的普遍规律，即价值规律，接受价值规律的调节。同时，文化艺术作为人类的精神行为，它所追求的是传达生产主体的审美价值，满足人们精神上的独特需要，因此必然受到文化艺术作为精神行为的固有规律的深刻影响。价值规律和文化艺术自身内在规律的共同作用，构成了现代文化生产的全部过程。在这个过程中，一切违背价值规律的生产或者可能引导不正当文化消费的生产，都将经过社会的选择而被控制，如当今世界除个别国家(如丹麦)外，都限制色情淫秽物品的生产；而一切遵循价值规律生产或者有助于价值规律充分发挥作用的生产、引导正当文化消费的生产，都会得到社会的响应。

3．文化产业发展的高风险性

任何产业的发展都有风险。与其他产业相比，文化产业的风险性更强。一方面，由于文化产业的意识形态属性，国家和政府必然对文化产业加以规制，从而为文化产业的发展带来政策风险。另一方面，信息化时代的到来，加快了人们的生活节奏，使人们对文化产品的需求越来越难以把握。一种艺术性的创意能否转化为消费者喜闻乐见的文化产品和服务，往往取决于它能否适应这种快速变化的社会。一种文化产品还没有完全流行，另一种全新的文化产品就已经出现，文化产业的经营风险加剧。同时，文化产业还面临盗版的危害。信息化技术在为文化产业插上信息化翅膀的同时，也提高了盗版的技术水平，盗版产品的逼真度越来越高，普通消费者几乎不可能辨别。文化产业经营者不得不承担由此带来的经营风险。

4．文化产业运行对技术的高度依赖性

早在20世纪50年代，法兰克福学派学者就敏锐地发现，文化生产一旦与科技结合在一起，形成工业化体系，就会产生影响社会的巨大力量。从历史上看，工业革命初期，造纸术和印刷术的现代工业化发展引发了传播媒介的根本性革命，使印刷文明一举代替口传文明，居于社会传播方式的中心。反过来，纸媒介的发展又进一步促进了专业化、现代化的造纸工业、印刷工业和出版工业的飞速发展。纸媒介文化在图书的基础上相继创造了报刊文化、新闻产业、纸本广告产业等，文化不断经历创新扩展，使得文化的领土前所未有地猛烈扩张。从世界范围看，现代科技的发展，尤其是信息技术、传播技术、自动化技术和激光技术等高科技的发展，现代科技广泛运用于各类文化艺术活动之中，在文化领域掀起了新科技革命的旋风，已经导致新兴文化形态的崛起和传统文化形态的更新。

5．文化生产成为当代社会大生产的新的组成部分

现代文化不再仅仅是社会经济发展的精神动力和智力支持，而是作为一个独立的经济成分和产业升级标志而成为经济现代化的重要组成部分。在现代发达市场经济中，特别是在当前的信息经济的发展中，文化越来越被合并于生产，成为一项新的生产要素和重要的经济资源，文化的生产力功能进一步增强。而且，经

济发达国家出现了发达的文化生产，形成了生产文化、知识产品的文化产业，商品性文化生产成为当代社会大生产的一个新的组成部分，文化产品成为现代国民财富的重要内容。

（三）文化产业的发展特征

文化产业的发展特征指文化产业的成长特点。研究文化产业的发展特征，可以从产业演进角度揭示文化产业成长所需要的条件、产业进步的驱动因素、产业结构变化的规律，从产业间竞争角度以及产业发展对于国民经济的影响角度分析资源配置问题。

1. 经济文化一体化

从经济发展逻辑看，一方面，随着经济发展，产业中心逐步由有形财物的生产转向无形的服务性生产，产业结构上体现为产业的下游化和服务业的主导性支配地位，整个经济由物质经济向知识经济转变，文化产品的生产和服务的提供成为整个社会经济的主导力量。另一方面，随着人们物质财富的增加，物质需求基本得到满足，开始追求精神文化需求，消费的"脱物化"成为消费的主流，从而对文化产品和文化服务提出了巨大需求。在这两方面的推动下，经济文化潮流涌现。从文化发展逻辑看，传统的文化发展规律在人们广泛的文化需求的冲击下，伴随着现代传媒技术的发展，在传统的创作与保存两环节之间加入了能够使原创性文化面向大众的、基于复制技术的现代传媒工业，从而在文化消费和供给之间架起了产业联系的桥梁，将文化的发展纳入了经济轨道，文化资源成为经济资源，文化传统成为现实财富。

2. 文化产业结构的高度化

文化产业结构高度化的标志是产业融合，它意味着文化产业在技术含量和文化含量方面，迈向了更高的发展层面，也意味着文化产业在组织形态和资源利用方面，形成了更具有适应能力的结构。文化产业结构的高度化表现为三种方式：一是高新技术与文化产业内容的融合；二是文化产业内部的融合重组；三是文化产业与第三、第二、第一产业间的融合。

3. 文化产业组织集群化、网络化，企业组织扁平化

当今社会，文化产业已不再仅仅指个体设计师、艺术家的灵感和创造，而是知识和社会文化传播构成与产业发展形态及社会运作方式的创新。文化创意产业的发展不仅局限于个人和单个企业的行为，更是集体的互动和企业的地理集聚，形成集群化的环境。

文化产业集群的特征是生活和工作结合、知识文化产品生产和消费的结合，有多样性的宽松环境和独特的本地特征，而且与世界各地有密切的联系。文化产业，尤其是文化产业中的创意产业具有特殊的产业组织形式，企业呈现出小型化、扁平化、灵活化的特点。就单个企业而言，可以是比中小企业还要小的微型企业，甚至是个人工作室，但这类企业通常以产业集群的方式分布，具有集群效应的基本特征，如经济的外部性、技术创新优势、集群式学习和集群式组织能力。正是这种扁平化的产业组织特征，形成了文化产业生产组织层面小企业和大公司错位的竞争态势，使文化产业发展具有良好的势头。

4. 文化产业的全球化趋势

文化产业的全球化趋势体现为以下三个层面。

首先，发展的全球化。前文中已经指出，文化产业具有较高的收入弹性，当居民的收入达到一定水平后，其精神文化需求必然会推动文化产业的兴起和发展。当前，发达国家已经进入"后工业化"时代，文化产业正在成为其支柱产业。广大发展中国家一方面在经历工业革命、分工的细化和生产方面逐渐进步，另一方面，在发达国家的引导下，发展中国家兴起的文化高消费也带动了本国文化产业的发展。因此，当前全球出现了普遍的文化产业发展热潮。

其次，文化产品和服务的全球化流动。随着全球化步伐的加快，已经形成了一个全球化的文化产品和服务流动的体系。电影、书籍、电视节目、音乐唱片可以在全球同时发行上映。尤其是互联网的兴起，更加速了文化产品和服务的全球化进程。

最后，文化产品和服务制作的全球化。随着全球化分工体系的形成，文化产品同其他产品一样被纳入全球分工体系中，全球文化资源得以共享，文化产品由

11

多国不同企业共同完成，文化产品和服务全球发行。

三、当前发展文化产业的任务

党的十八届五中全会通过的《中共中央关于制定国民经济和社会发展第十三个五年规划的建议》明确提出，"坚定文化自信，增强文化自觉，加快文化改革发展"。为了贯彻党的十八届五中全会精神，顺应时代发展潮流，增强改革创新意识，全面加强文化建设，激发全民族文化创造活力，实现中华民族伟大复兴的中国梦提供强大文化力量，我国文化产业发展从以下几个方面进行战略部署。

(一) 提高文化开放水平

扩大文化领域对外开放，是提升中华文化国际影响力的迫切需要。必须坚持政府主导、企业主体、市场运作、社会参与，构建全方位、多层次、宽领域的文化对外开放格局，广泛参与世界文明对话，积极吸收借鉴国外优秀文化成果，创新对外传播、文化交流、文化贸易方式，推动中华文化走出去，不断提高国家文化软实力。

加强国际传播能力和对外话语体系建设。传播力决定影响力，话语权决定主动权。加快构建技术先进、传输快捷、覆盖广泛的现代传播体系，推动传统媒体与新兴媒体融合发展，支持重点媒体面向国内国际发展，打造国际一流媒体。积极打造融通中外的新概念新范畴新表述，形成富有吸引力和感染力的中国话语，讲好中国故事，传播好中国声音，更好地塑造国家形象，营造于我有利的国际舆论环境。

深化人文交流。文化交流是心灵沟通的桥梁，也是一种"柔性"外交。切实提高对外文化交流水平，做大做响"感知中国"、"欢乐春节"等文化品牌，加强深层次、多样化、重实效的思想情感交流。完善人文交流机制，把政府交流与民间交流结合起来，扩大对外文化交流的参与面。加快推进海外中国文化中心和孔子学院建设，搭建展示和体验并举的综合平台。

加快发展文化贸易。文化产品"卖出去"有时候比"送出去"更容易被海外接受。完善政策保障，进一步扶持文化出口重点企业和重点项目，支持更多有经济实力、贸易经验的民营企业从事文化贸易，加强国际文化产品交易平台和国际营销网络建设，办好中国(深圳)国际文化产业博览交易会等国际性展会，不断扩大我国文化产品和服务在国际市场的份额。针对国外受众特点和文化消费习惯，开发既有中国风格又适销对路的文化产品，为文化产品走出去搭建翻译平台。

(二) 繁荣文化精品创作生产

优秀精神文化产品反映一个国家和民族的文化创造能力，是衡量和检验文化改革发展成效的根本标准。必须着力扶持优秀文化产品创作生产，加强文化人才培养，繁荣发展文学艺术、新闻出版、广播影视事业，推出更多传播当代中国价值观念、体现中华文化精神、反映中国人审美追求的精品力作。

坚持以社会主义核心价值观为引领。核心价值观是决定文化性质和方向的最深层要素，也是优秀精神文化产品的灵魂所在。要彰显社会主义核心价值观，聚焦实现中国梦的时代主题，突出思想内涵，诠释中国精神，展示家国情怀，建设中华民族共有精神家园。努力讴歌真善美、鞭挞假恶丑，传递向上向善的价值观，不断增强人们的道德判断力和道德荣誉感，不断丰富人们的精神世界。

推动思想性、艺术性、观赏性有机统一。艺术只有贯注思想、蕴涵精神，具备鲜明的个性和独特的风格，才能具有永恒的生命力和真正的价值，才能为人民群众所喜闻乐见。要坚持以人民为中心的创作导向，深入社会生活，贴近基层群众，创作出更多无愧于时代的优秀作品。鼓励艺术创新创造，提倡题材、体裁多样化，进一步释放文化创作潜力，不断提高作品原创能力，努力把深刻的思想内涵、丰富的知识信息与完美的艺术形式有机结合起来，增强作品的吸引力和感染力。

加强对文化产品创作生产的引导。深入实施文化精品创作工程，重点扶持重大革命和历史题材、现实题材、农村题材、少儿题材的创作生产，并加大推广力度。完善文化产品评价体系和激励机制，倡导积极健康的文艺批评，改革和规范文艺评奖工作，合理设置反映市场接受程度的发行量、收视率、票房收入等量化指标，确保始终把社会效益放在首位、实现社会效益和经济效益相统一。

(三) 传承弘扬中华优秀传统文化

中华文化是中华民族区别于其他民族的独特精神标识，是加快文化改革发展的宝贵资源。必须深入贯彻落实习近平主席关于推动中华优秀传统文化创造性转化和创新性发展的基本方针，对传统文化做到"扬弃继承、转化创新"，让中华优秀传统文化拥有更多的传承载体、传播渠道和传习人群，使中华民族最基本的文化基因与当代文化相适应，与现代社会相协调。

实施中华文化传承工程。坚持保护利用、普及弘扬并重，切实加大对中华优秀传统文化的保护、研究、普及力度。加强对中华优秀传统文化思想价值的挖掘，赋予其新的时代内涵。广泛开展中华优秀传统文化宣传普及，抓好中华文化经典选编和名家品读等重点项目。加强政策扶持和人才培养，振兴传统工艺。做好古代典籍文献整理、出版工作，全面推进修史修志，推进国家典籍资源数字化。探索用好用活历史文化瑰宝的途径办法，让收藏在博物馆里的文物、陈列在广阔大地上的遗产、书写在古籍里的文字都活起来。

全面加强文化遗产保护工作。坚持把保护文化遗产放到更为重要的位置，切实保护中华民族赖以生存发展的文化根基。加强国家重大文化遗产地、重点文物保护单位、历史文化名城名镇名村等保护，健全文物普查登记和安全管理制度，提高文物安全防范能力，引导规范民间收藏，推动文物由抢救性保护向预防性保护转变。建立完备的非物质文化遗产保护制度，对代表性传承人实施扶持计划，对具有一定市场前景的遗产项目实施生产性保护，加大西部地区和少数民族非物质文化遗产保护力度，统筹国家级文化生态保护区建设。

振兴和发展民族民间文化。坚持以广大农村和基层为重点，大力发展植根群众的民族民间文化。把传承弘扬优秀民族民间文化融入新型城镇化和新农村建设总体规划，发展有历史记忆、地域特色、民族特点的美丽城镇、美丽乡村。发挥传统节日的文化传承功能，广泛开展健康有益的民俗文化活动，打造一批民间文化艺术之乡。完善落实有关扶持政策，加强对民间文学、民俗文化、民间音乐舞蹈戏曲、少数民族史诗等的抢救，实施地方戏曲振兴工程，使优秀传统文化活起来、传下去。

（四）推动基本公共文化服务标准化、均等化发展

构建现代公共文化服务体系，是保障人民群众基本文化权益、提高社会文明程度的重要制度设计，也是推动社会主义文化大发展大繁荣的必然要求。必须坚持政府主导、社会参与、共建共享，推动基本公共文化服务标准化、均等化，力争到"十三五"末，基本建立覆盖城乡、便捷高效、保基本、促公平的现代公共文化服务体系。

推进公共文化服务设施网络建设。设施网络是推进基本公共文化服务标准化、均等化的基础条件和基本载体。按照城乡人口发展和分布，合理规划建设各类公共文化设施，统筹建设集宣传文化、党员教育、科技普及、普法教育、体育健身等多功能于一体的基层公共文化服务中心，配套建设群众文体活动场地。坚持设施建设和运行管理并重，深入推进国家公共文化服务体系示范区创建，健全公共文化设施运行管理和服务标准体系。积极探索"互联网+公共文化服务"的有效模式，推进公共文化服务数字化网络化建设。

引导文化资源向城乡基层倾斜。公共文化服务的对象主要在城乡基层，难点和短板在老少边穷地区。坚持重心下移，着力加强农村和中西部地区公共文化服务体系建设，逐步缩小城乡文化发展差距。增加农村文化服务总量，拓展重大文化惠民项目服务"三农"内容，鼓励城市对农村进行文化帮扶。结合国家扶贫开发工作，编制和实施老少边穷地区公共文化服务体系建设发展规划纲要，加大资金、项目、政策倾斜力度。

创新公共文化服务方式。适度引入市场机制，促进公共文化服务提供主体和提供方式多元化。建立基层群众需求征集、服务评价反馈等方面机制，推行菜单式服务，开展群众满意度测评，使群众"要"文化和政府"送"文化更加匹配。

深化公益性文化事业单位内部改革，推动图书馆、博物馆、文化馆、科技馆等组建理事会，完善治理结构，提高服务能力。加大政府购买服务力度，鼓励社会力量、社会资本提供公共文化服务。

(五) 推动文化产业成为国民经济支柱性产业

发展文化产业，是市场经济条件下满足人民多样化精神文化需求的重要途径，也是适应经济发展新常态、加快转变经济发展方式的重要举措。必须始终坚持把社会效益放在首位、社会效益和经济效益相统一，发展骨干文化企业和创意文化产业，培育新型文化业态，扩大和引导文化消费，努力构建结构合理、门类齐全、科技含量高、富有创意、竞争力强的现代文化产业体系。

推动文化产业结构优化升级。提高文化产业发展质量和效益，必须积极调整优化文化产业结构，走规模化、集约化、专业化的路子。以文化内容创作生产传播为核心，做强做优做大宣传文化主业。加快培育骨干文化企业，推动跨地区跨行业跨所有制兼并重组，促进文化资源、要素向优质企业、优势产业门类集聚。大力推进文化科技创新，改造提升传统文化产业，积极抢占文化与科技、文化与金融、文化与相关产业融合发展的制高点。

完善现代文化市场体系。发挥市场在文化资源配置中的积极作用，必须加快建立统一开放、竞争有序、诚信守法、监管有力的现代文化市场体系。建立多层次文化产品和要素市场，促进文化资源在全国范围流动，打造综合性、专项性、区域性文化产品和服务交易平台，提高文化消费规模和水平。完善市场准入和退出机制，积极鼓励社会资本投资政策法规许可的文化产业。加强和改进文化市场综合执法，深入开展"扫黄打非"，加强文化行业组织和中介机构建设，加大知识产权保护力度。

完善两个效益相统一的体制机制。坚持把社会效益放在首位、实现社会效益和经济效益相统一。推动文化企业建立有文化特色的现代企业制度，形成体现文化企业特点、符合现代企业制度要求的资产组织形式和经营管理模式。探索建立党委和政府监管有机结合、宣传部门有效主导的国有文化资产管理模式，推动管人管事管资产管导向相统一。在新闻出版传媒领域探索实行特殊管理制度试点，利用经济和法律手段创新管理，确保正确舆论导向。完善和落实文化经济政策，发挥政策的兜底作用，确保文化企业既活得好又走得正。

四、发展文化产业对我国的重要意义

（一）是贯彻科学发展观、转变我国经济增长方式的一条重要途径

我国取得的巨大经济成就举世瞩目，不容置疑。但是我们应该看到，我们的经济增长很大程度上是依靠"高消耗、高排放、低效益"的粗放型增长方式。正因为如此，党的十六届四中全会强调要坚持以人为本、全面协调可持续的科学发展观，推动建立统筹城乡发展、统筹区域发展、统筹经济社会发展、统筹人与自然和谐发展、统筹国内发展和对外开放的有效体制机制。中央经济工作会议提出，要大力推进结构调整，促进经济增长方式转变。文化产业正是推动我国经济发展的一个新的增长点。

文化产业在我国既有潜力很大的市场空间，又有众多的消费群体，同时，基本属于"无污染、低消耗、高效益"的无烟产业、朝阳产业。日本、美国等发达国家的成功经验告诉我们，文化产业完全可以成为支撑一个国家经济发展的支柱产业。我国许多知名文化企业的成长发展也充分证明了文化产业对国家经济发展的贡献丝毫不逊于第一、第二产业。

（二）是满足人民群众日益增长的精神文化需求的重要渠道

市场经济条件下，文化产业是满足人民群众多样化、多层次、多方面精神文化需求的主要途径，是改善文化民生、提高人们生活质量和幸福指数的重要手段。现在，我国居民消费正由生存型、温饱型，向小康型、享受型转变，人民群众精神文化需求呈"井喷"之势。随着经济条件的宽裕、教育水平的提高、闲暇时间

的增多，人们追求自我文化表达、参与自主文化创造活动的愿望更加强烈，实现和维护自身文化权益的意识更加高涨。

相比之下，我国文化产业发展水平还不高，总体上还不能很好地适应人民群众精神文化需求快速增长的新形势和人们繁荣文化市场的新期待。可以说，文化产业是少数几个总供给还不能满足总需求的朝阳产业之一，为加快文化产业发展提供了广阔的市场空间，也对加快转变发展方式、提高发展质量和水平提出了更高要求。满足群众精神需求、维护群众文化权益、引导群众文化消费，使全体公民在"文化享有"上健康向上、各得其利，在"文化创造"上迸发活力、各尽其能，迫切需要我们在构建公共文化服务体系的同时，深化文化体制改革，加快文化发展方式转变，推动文化产业又好又快发展。

(三) 是深化文化体制改革、解放和发展文化生产力的重要目标

发展文化产业靠什么?靠文化企业，文化企业才是市场主体。目前我国文化系统内真正具有国际竞争力的大型国有文化骨干企业还比较少。要大力发展文化产业，应对加入 WTO 后的挑战，必须按照十八届四中全会的要求，从深化文化体制改革入手，以创新体制和机制为重点，培育市场主体，增强微观活力。要结合结构调整，积极推进国有经营性文化单位转企改制，培育一批自主经营、自负盈亏、自我发展、自我约束、有竞争力、有影响力的大型国有或国有控股文化企业和企业集团。目前，通过文化体制改革试点，从中央到地方涌现出中国对外文化集团公司，如北京儿艺股份有限公司、深圳歌剧团、北京歌剧舞剧院、沈阳杂技团等一批大中型国有或国有控股文化企业。这些单位"身份"一变，立即取得了明显的进步。

应对日益激烈的国际市场竞争，仅仅依靠国有资本不行，还必须吸引社会力量参与发展文化产业。近年来，文化部采取了一系列鼓励非公有制经济发展文化产业的政策措施，全国涌现出许多如上海盛大网络发展有限公司、浙江宋城集团、北京麦乐迪等在全国影响较大的民营龙头企业。从文化系统文化产业

看，全国非公有制经济所创造的文化产业增加值已占全部增加值的一半以上，就业人数占文化产业人数总数的 2/3。非公有制文化企业已经成为与国际文化企业竞争的一支重要力量。以国有文化企业为主导、多种所有制经济共同参与、投资主体多元化、融资渠道社会化、投资方式多样化、项目建设市场化的文化产业新格局正在逐步形成。

（四）是提高党建设社会主义先进文化能力的具体体现

十九大党章指出："必须紧密围绕党的基本路线，坚持党要管党、全面从严治党，加强党的长期执政能力建设、先进性和纯洁性建设。"将党的长期执政能力导入党章，这是党中央站在时代和战略的高度，根据新世纪新阶段国内外形势的深刻变化和党肩负的历史使命，对党的总体执政能力建设提出的新要求。其中，坚持马克思主义在意识形态领域的指导地位，不断提高建设社会主义先进文化的能力，是总体要求的重要组成部分。

文化建设的出发点和最终目的是为了满足人民群众的精神文化需求和促进人的全面发展，我们是否具有建设社会主义先进文化的能力，就看我们能否真正实现这一目的。现阶段，我国的文化建设是在社会主义市场经济体制已经建立并正在逐步完善这样一个大的背景下进行的，文化建设自然不能游离于市场经济之外。过去往往习惯于把文化艺术仅仅作为单纯的宣传教育和公益性事业看待，而对其所具有的商品属性和服务功能认识不足，重视不够，而随着形势的发展，逐步认识到，文化不仅具有意识形态属性，而且具有经济属性和商品属性；不仅具有公益事业的属性，而且具有服务业生产经营的特征。因此，加强文化建设不仅要符合精神文明建设的特点和规律，而且要适应社会主义市场规律的要求。

（五）是维护国家文化安全、增强国家整体实力的迫切需要

当今世界日趋激烈的综合国力竞争，越来越突出地表现在知识力量和文化力量的竞争上。蓬勃发展、潜力巨大的文化产业是当代及未来综合国力的重要组成

部分，其竞争力的强弱直接关系到国家整体实力的强弱。随着全球化发展的进一步推进，我们面临着激烈的国际文化竞争。少数西方发达国家凭借其雄厚的资本实力、强大的文化传播优势和丰富的市场运作经验，借助现代市场机制和高新科技手段，将其大量的精神文化产品输入中国，在获得巨大的商业利润的同时，对我国进行文化扩张和渗透，抢占、争夺我国的文化市场、文化资源和文化阵地，严重威胁了我国的文化主权和文化安全。面对来自外国文化的严峻挑战，我们须当以文化的手段应对，要以强大的文化产业为依托实施"走出去"发展战略，赢得国际文化竞争中的主动权。

中华文化博大精深，源远流长，具有丰厚的文化资源。在广袤的土地上衍生，历经五千多年而不衰，并不断发展壮大的中华文化植根于世界 1/5 以上的人口之中，具有独特的巨大优势。不断壮大的经济实力、良好的外部环境和高度发达的现代化科学技术，为我国文化产业快速发展提供了强大的经济基础、开放的外部条件和充分的技术手段。只有大力发展文化产业，扩大我国文化产品和服务的出口份额，缩小文化贸易逆差，扩大国际市场占有率，中华文化才能凭借自身的潜力、实力和魅力立于世界文化舞台，赢得应有的世界文化地位。我们应当针对新的形势，及时调整策略，立足于我国丰厚的文化资源，充分开发我国广阔的文化市场，并将文化资源优势和市场优势转化为产业优势和竞争优势，让我国从文化资源大国走向文化产业大国，从文化市场大国走向文化生产大国。

第二节　文化产业的发展演变

我国在 1949 年中华人民共和国成立后的很长一段时间内实行计划经济，把文化当作一项事业，由政府统包统揽，在当时特殊的国内外环境中，这对于迅速确立社会主义文化在全社会的领导地位及迅速普及教育、科学和文化知识发挥了不容忽视的积极作用。但是，长期强调文化的意识形态性，甚至把文艺产品当作直接的政治宣传品，又产生了一定的消极影响。同时，计划经济体制中延续下来的文化事业在改革开放的历史条件下，已经越来越不适应新的社会经济环境，越来越不适应人民群众日益增长的文化需求。因此，在社会主义市场经济的环境中，建立社会主义文化产业的任务被逐渐摆到议事日程上来。

从党的十一届三中全会至今，我国文化产业发展历程大致可分为以下四个阶段。

一、第一阶段(1978—1991)：文化产业的初步建立和探索阶段

1978 年中共十一届三中全会后，中国实行改革开放政策，人们的物质生活丰富起来，同时在国外流行文化、通俗文化的影响下，国内的娱乐业开始恢复并日渐繁荣。

1980 年，广州出现了音乐茶座，娱乐业开始恢复。此后，录像放映、歌舞演出等营利性质的娱乐活动逐渐增多。1984 年，上海出现大陆首家咨询公司。这是一家以知识、信息为特色，主营精神产品，并按市场化方式运作的公司。20 世纪 80 年代初期，中国的文化产业悄然起步。

在这个阶段，中国的广告业开始出现并迅速发展。人们很快认识了广告对于产品营销的宣传推广和中介作用，电台、报纸、电视台等各种媒体投放广告的时间日渐增多，广告的质量、水平也逐步提高。体育产业本身是无烟工业，而且其连带产业多，如旅游、餐饮、场馆建设等，同时发展体育产业又能增强人民的体质、振奋人民的精神，在和平时期下显示一个国家的综合实力，所以成了许多国家竞相发展的重点产业之一。我国抓住 1984 年洛杉矶奥运会中国队实现金牌零的突破这一契机，大力发展体育产业。1990 年，我国成功举办了第十一届亚运会，通过这次活动的举办，中国开始了体育的产业化、市场化运作。例如，举行亚运会捐款抽奖活动，实际上开了后来发行体育彩票的先河。但总的来说，我国文化产业在这一阶段还处于探索的时期，在整个社会经济生活中只占据一个局部的位置，总体上影响不大。

二、第二阶段(1992—2001)：文化产业开始在国民经济建设中发挥重要作用

1992 年，党的十四大明确提出要建设有中国特色的社会主义市场经济体制，由计划经济向市场经济转变，充分发挥市场的资源配置作用。市场经济体制的建立为文化产业的健康发展奠定了基础。同年，中共中央、国务院发布了《关于加快发展第三产业的决定》，正式把文化产业列入第三产业，把文化部门由财政支出型部门定位为生产型部门，从而为文化产业的发展做了政策上、体制上的准备。这时，文化产业的发展进入建规立制、构建成形的阶段。例如，1998年，国务院进行机构改革，参照国际文化产业的发展情况，并着眼于我国文化产业的长远之计，增设了文化产业司，以便更好地领导、推进我国的文化产业工作。2000 年，中共中央在国民经济"十五"发展规划建议中，第一次在中央正式文件中提到了要发展相关文化产业。这表明，文化产业在政策层面、观念层面上已经深入人心。

在这一阶段，报纸首先展示出文化产业的威力。在人们业余生活丰富、受教育水平普遍提高的情况下，报纸成了重要的文化消费对象。许多报纸相继扩版，推出了文化、娱乐方面的各种专刊。许多报社创办了自己的晨报、晚报，增设、扩大了周末版、周刊、副刊，以扩大发行量，吸引读者，抢占、扩大市场份额。同时，许多报纸进行分众化、小众化、专业化经营，锁定读者对象，定位目标受众，在激烈的市场竞争中确立自己的立身之地。报纸发行量的扩大吸引了众多的广告商投放广告，既繁荣了报业，又发展了广告业。这一时期的电影业也在产业化方面进行了有益探索，进一步走向了国际市场。电影的融资体制发生了变化，一些影视公司、文化公司自觉走向市场，采取股份制等方法，吸取国营、民营资本投资电影，进行商业化运作。这一时期出现的贺岁片电影票房表现不俗，在国产电影的商业化、产业化方面取得了成功。电视剧的生产、制作也大有起色。许多电视剧采取了制播分离的新机制，进行市场化运作。电视台购买市场前景看好的电视剧，以高收视率换取高额广告收入，形成了电视

产业的良性循环。这一时期旅游业也得到了良好发展，国家采取各种措施推动旅游业的发展。其中五一、十一、春节三个长假更是为旅游业的发展增加了三个黄金亮点，极大地繁荣了国内旅游线路。同时，扩大服务内容，改善交通、餐饮、酒店等各种服务设施，提高服务质量，改善软、硬环境，切实吸引国内外客源，展示形象，振兴经济。由于信息技术的飞速发展和互联网的出现，这一时期出现了新的文化产业形式——网络业。互联网络作为虚拟社会，提供了新的交流手段。网络经济具有高知识、高技术的特点，是智力密集型、信息密集型的产业，也是知识经济时代和信息技术时代的主要经济增长点，发展较为迅速。

三、第三阶段(2002—2009)：文化产业繁荣发展阶段

2002 年，党的十六大报告首次在全国代表大会的文件中明确提出要大力发展文化产业，把对文化事业的扶持和文化产业的经营明确区分开来。随着我国国民经济的持续快速增长和全面建设小康社会进程的加快，随着文化体制改革的不断深化，文化产业这一朝阳产业必将出现快速增长，并成为我国经济发展的新亮点。

2007 年，胡锦涛在党的十七大报告上，提出"推动社会主义文化大发展大繁荣"。当今时代，文化越来越成为民族凝聚力和创造力的重要源泉，越来越成为综合国力竞争的重要因素，丰富精神文化生活越来越成为我国人民的热切愿望。我国要坚持社会主义先进文化的前进方向，兴起社会主义文化建设新高潮，激发全民族文化创造活力，提高国家文化软实力，使人民基本文化权益得到更好的保障，使社会文化生活更加丰富多彩，使人民精神风貌更加昂扬向上。

党的十七大从中国特色社会主义事业全局出发，明确提出要积极发展公益性文化事业，大力发展文化产业，更加自觉、更加主动地推动文化大发展大繁荣。为贯彻落实中央精神,2009 年 7 月国务院常务会议审议通过《文化产业振兴规划》，进一步加快推动我国文化产业发展。出台《文化产业振兴规划》，标志着国家已经

把发展文化产业提升为一项国家战略。《文化产业振兴规划》确定振兴文化产业的指导思想是：全面贯彻党的十七大精神，坚持以邓小平理论和"三个代表"重要思想为指导，深入贯彻落实科学发展观，紧紧围绕《国家"十一五"时期文化发展规划纲要》确定的文化产业发展的各项目标任务和当前文化体制改革的重点，大力培育市场主体，加快转变文化产业发展方式，进一步解放和发展文化生产力，切实维护我国文化安全，推动文化产业又好又快地发展，将文化产业培育成国民经济新的增长点。

四、第四阶段（2010 年至今）：文化产业成为国民经济支柱性产业

2010 年，中共中央《关于制定国民经济和社会发展第十二个五年规划的建议》明确提出，未来五年要"推动文化产业成为国民经济支柱性产业"。一个产业的增加值占 GDP 的 5%以上，才能称为国民经济支柱产业。这一提法充分体现了中央对文化产业发展的高度重视，也说明经过全社会的共同努力，文化产业已经形成初步积累，正在迈入全新的发展阶段。

为了推动文化产业成为国民经济支柱性产业，加快建设社会主义文化强国，文化部于 2012 年 2 月 23 日发布了《文化部"十二五"时期文化产业倍增计划》（以下简称《倍增计划》），提出了"十二五"时期文化部门管理的文化产业增加值至少翻一番的目标，努力推动文化产业成为国民经济支柱性产业，满足人民日益增长的多样化精神文化需求。《倍增计划》是文化部贯彻落实十七届六中全会精神和《国家"十二五"时期文化改革发展规划纲要》的具体举措，是指导文化系统"十二五"时期文化产业发展的专项规划。在"十二五"时期，我国文化产业政策体系不断健全，强化顶层设计、出台激励政策。对于已有的政策，文化部深化完善、及时修订。同时，在"十二五"期间，文化部充分发挥政府职能，坚持着力解决影响和制约文化产业发展的突出问题，通过搭建各类公共服务平台、加强人才培养等方式，促进文化产业全面发展。

2012 年 11 月在党的十八大会议上，对推进中国特色社会主义事业做出"五位一体"总体布局，即经济建设、政治建设、文化建设、社会建设、生态文明建设——着眼于全面建成小康社会、实现社会主义现代化和中华民族伟大复兴。中共"党代会"报告首次将经济、政治、文化、社会和生态五大建设并列，将为中国到 2020 年如期实现全面建成小康社会目标提供强有力的保障。

文化产业是文化建设的重要方面，是国民经济的有机组成部分。文化产业既直接推动文化产品创作、生产、传播、消费，也日益与旅游、体育、信息、物流、建筑、设计等产业融合，在经济社会发展中的地位和作用越来越突出。特别是相比于其他产业，文化产业具有创意性、引领性、低投入、低消耗的鲜明特点和优结构、扩消费、增就业、促转型、可持续的独特作用。在国际金融危机深层次影响在相当长时期依然存在的大背景下，在我国经济发展进入新常态的新形势下，加快发展文化产业，对于转变发展方式、调整经济结构、提高发展质量和效益.确保如期全面建成小康社会、保持经济持续健康发展，意义重大。

2015 年 11 月 3 日，中共中央《关于制定国民经济和社会发展第十三个五年规划的建议》(以下简称《建议》)发布。文化建设作为"五位一体"建设中的关键一环，其重要性不言而喻。

《建议》在已经确定的全面建成小康社会目标要求的基础上，提出了一系列新的目标要求，其中在文化建设方面一个很重要的目标要求就是："文化产业成为国民经济支柱性产业"。这是继党的十七届六中全会《决定》后，中央全会文件再次提出推动文化产业成为国民经济支柱性产业，充分反映了以习近平为核心的党中央对文化建设的高度重视和对社会主义文化发展规律的深刻把握，反映了全面建成小康社会、保持经济持续健康发展对发展文化产业的迫切需求。

此次《建议》的目标要求之一是"公共文化服务体系基本建成，文化产业成为国民经济支柱性产业"。在"十二五"的基础之上，中央把这个目标延长五年，这就意味着在接下来的五年当中我们过去所强调的倍增计划可以继续地往前推进。我国目前的文化产业增加值也在不断增长，但是不能只强调文化数量上的支柱性，还要强调文化产业在质上的内涵式发展。

第三节　文化产业的发展现状

一、我国文化产业的发展概况

近年来，我国积极推进文化关键领域和重点环节改革，进一步发挥市场在文化资源配置中的积极作用，完善文化管理体制和文化生产经营机制，优化文化产业的政策环境，通过知识产权保护、产业融合发展、创意人才扶持、财税土地政策和文化金融对接等支持文化产业发展，取得了良好的成效。我国文化产业进入了快速发展轨道，文化消费持续增长，产业结构不断优化。

我国文化产业发展呈现出如下特征。

(一) 体制改革渐趋深化，国有或国有控股文化企业的发展活力和市场竞争力增强

2008 年，国务院办公厅下发《关于印发文化体制改革中经营性文化事业单位转制为企业和支持文化企业发展两个规定的通知》国办发[2008]114 号，完善了支持经营性文化事业单位转企改制和文化企业发展的扶持政策。2013 年，我国出版、发行、电影、电视剧、广电传输和一般国有文艺院团、非时政类报刊出版单位等经营性文化单位转企改制全面完成，重塑了一大批合格的文化市场主体，一大批国有或国有控股文化企业实现了从依靠"输血"向自我"造血"的转变，发展活力和市场竞争力增强，涌现出江苏凤凰出版传媒集团公司等总资产和总销售收入达到百亿的"双百亿"骨干文化企业。

北京等省区市分阶段地开展了国有文艺院团转企改制工作。各改制院团结合自身资源优势，在推进改革、艺术生产、人才培养、市场开拓等方面都进行了积极的探索与实践，初步形成了各自的发展特色，相关艺术产品也产生了一定的社会影响力，改革成果初步显现。比如，中国评剧院改制后狠抓剧目创作，积极做好《新凤霞》《城邦恩仇》以及重大题材和现实题材的原创剧目剧本创

作，同时，对流派优秀传统剧目《杜十娘》《水冰心抗婚》剧本进行深加工，对《狸猫换太子》《回杯记》《花为媒》等传统剧目进行了复排，使剧目水准得到了整体提高。近年来，剧院保持每年 1 200 万元左右的营业收入，其中演出收入和剧场经营收入各占一半。

我国非公有制文化市场主体在文化体制改革中也实现了快速发展。截至 2016 年年底，工商登记注册的文化企业达到了 168 万多户。其中，2016 年新增文化企业 39 万多户。

(二) 文化产业进入快速发展轨道，产业结构不断优化

我国文化产业近年来进入了快速发展轨道。根据国家统计局 2016 年 12 月公布的第三次全国经济普查数据，中国文化产业 2013 年创造增加值 21 351 亿元，占GDP 的比重为 3.63%，同比增长 18.2%。根据国家统计局的初步统计，2016 年，我国文化产业创造的增加值达到 24 017 亿元，占 GDP 的比重上升到 3.77%。

从产业结构上看，2016 年我国文化制造业创造的增加值为 9 166 亿元，占总量的 42.9%；文化批零业创造的增加值为 2 146 亿元，占总量的 10.1%；文化服务业创造的增加值为 10 039 亿元，占总量的 47.0%，文化服务业创造的增加值超过了文化制造业创造的增加值。其中，"文化创意和设计服务"创造的增加值为 3 495 亿元，占文化产业增加值的比重达到了 16.4%。我国文化产业向高端化、内容化方向发展的趋势十分明显，产业结构不断优化。与此同时，我国文化产业与国民经济相关产业加速融合，文化元素日益融入相关产业发展，丰富产业文化内涵，提升产业附加值。

(三) 重点城市文化产业取得突破，发挥了引领作用

我国文化产业，尤其是文化产业中涉及服务业的核心产业仍然集中在大城市。近年来，重点城市文化产业率先取得突破，发挥了引领作用。

北京是我国的文化中心和科技创新中心，文化创意产业已经成为北京市重要的经济增长点。按照北京市的统计口径，2016 年，北京文化创意产业实现增加值

2 794.3 亿元,占 GDP 的比重达到了 13.1%,自 2008 年以来年均增长的 15.7%。北京文化科技融合产业蓬勃发展。2016 年,北京信息传输、软件和信息技术服务业(该行业共 17 个小类,其中 14 个小类属于北京市界定的"文化创意产业")实现增加值增长 11.7%,高出北京市 GDP 增速 4.4 个百分点;动漫游戏业总产值同比增长 69%,占全国动漫游戏业产值的近 1/3。北京形成了 6 个动漫游戏产业集聚区——中关村创意产业先导基地、德胜园工业设计创意产业基地、北京数字娱乐示范基地、国家新媒体产业基地、朝阳大山子艺术中心和东城区文化产业园。

按照全国可比口径,2016 年上海文化产业实现增加值 1 387.99 亿元,同比增长 8.1%,高出上海市 GDP 增速 0.4 个百分点,占地区生产总值的比重达 6.43%。文化产业已经成为上海的支柱性产业之一,成为上海"创新驱动发展、经济转型升级"的重要力量。上海文化产业的产业结构不断优化。以文化软件服务、广告服务、设计服务为主的文化创意和设计服务在规模和增速上保持领先,2016 年实现增加值 521.48 亿元,同比增长 11.6%;文化信息传输服务实现增加值 120.63 亿元,同比增长 15.9%。

(四) 城乡居民人均文教娱乐消费支出快速增长,但城乡居民文化服务消费的差距有所扩大

随着我国经济社会发展和居民收入提升,文化消费越来越成为居民消费的重要内容。我国城镇居民的人均文教娱乐消费支出从 2008 年的 1098 元增长至 2016 年的 2 294 元,翻了一番以上。我国农村居民的人均文教娱乐消费支出从 2008 年的 296 元增长至 2016 年的 486 元,同比增长 64%。

不过,在文化消费快速增长的同时,有两个问题值得重视。一是我国城乡居民文化服务消费的差距有所扩大,从 2008 年的 3.7 倍扩大至 2016 年的 4.7 倍,同期我国城乡人均消费比从 3.1 倍增长至 4.1 倍,差距更加明显;二是我国城乡居民文化服务消费占现金消费比呈不断下降趋势。城镇居民人均文教娱乐消费支出占城镇居民人均现金消费支出的比重从 2008 年的 13.82%下降到 2016 年的 12.73%,农村居民人均文教娱乐消费支出占农村居民人均现金消费支出的比重从 2008 年的 13.87%下降到 2016 年的 7.95%。对城镇居民而言，这一比重近年来大体稳定在了 12%~13%，但对于农村居民而言，这一比重则一路下探至 8%左右。导致城镇居民人均文教娱乐消费支出占城镇居民人均现金消费支出的比重出现下降的主要原因是我国文化产品和服务的供给数量和质量还有待提升，不能满足城镇居民日益增长的精神文化需求；对于农村居民而言，主要原因是消费能力不足和文化消费不便利。

二、我国文化产业的发展趋势

(一) 文化消费将保持稳定、可持续增长

国际经验表明，文化消费与经济发展水平呈现显著正相关关系。当人均 GDP 超过 3 000 美元时，文化消费会快速增长；当人均 GDP 接近或超过 5000 美元时，文化消费则会进入"井喷"时期；人均 GDP 超过 10 000 美元时，文化消费将会在居民消费结构中稳定下来并随着收入的增长而"水涨船高"。

当前，我国模仿型排浪式消费阶段已经基本结束，个性化、多样化消费渐成主流，居民消费正由生存型、温饱型向小康型、享受型转变，文化消费将进入快速增长期。据文化部测算，2016 年年底中国文化消费潜在市场规模为 4.7 万亿元人民币，而当年的文化消费规模刚超过 1 万亿元，存在近 3.7 万亿元的缺口。可以预见，随着我国文化产业发展质量不断提升，文化产品和服务的供给不断增加，以及我国城乡居民社会保障体系的不断完善，我国文化消费将保持稳定、可持续增长。参考一般发达国家的经验，我国文化及其相关消费占居民消费的比重将逐步提升至 15%以上。文化消费增长将主要集中在文化产业的核心产业中，尤其是文化科技融合的数字内容、动漫网游、数字出版、新媒体等领域，以及服务于居民日常文化生活的文化休闲服务、文艺演出等领域。

(二) 文化与相关产业融合发展的趋势日益明显

文化产业与相关产业的融合发展既有助于促进文化产业自身的发展，同时也有助于提高相关产业的发展质量。近年来，我国文化产业和科技、金融、旅游、

制造业融合发展的趋势日益明显，主要的融合领域为数字内容、智能终端、信息媒体、应用服务四个领域，并有进一步深化的趋势。

科技特别是以移动互联网为代表的新一代信息技术已经渗透到文化创意产品的创作、生产、传播、消费等各个层面和关键环节，成为文化创意产业发展的核心支撑和重要引擎。以 IP(知识产权)为核心横跨游戏、文学、音乐、影视、动漫等领域的数字文化娱乐内容逐渐增多，趣味互动体验的应用日趋广泛。文化部文化市场司发布的《中国网络游戏市场年度报告》显示，得益于移动游戏的高速增长，2016 年中国网络游戏市场整体营业收入首次突破千亿元大关，达到 1 062.1 亿元人民币同比增长 29.1%。其中，移动游戏市场营业收入达 268.6 亿元人民币，同比增长 109.1%，市场占有率达到 24%。2016 年国产游戏出口收入达到 26.8 亿美元，比 2015 年增长 194.5%。随着移动互联网和移动智能终端的普及，网络音乐增势迅猛，2016 年我国在线音乐市场规模达到 43.6 亿元，同比增长 140%。此外，高科技、多媒体技术的广泛应用，极大丰富了舞台表演形式和内容，催生了多种演出新业态。

文化产业和旅游业的融合发展势头良好。2009 年，文化部与国家旅游局共同发布了《关于促进文化与旅游结合发展的指导意见》，促进了两个产业之间的融合。2010 年，文化部和国家旅游局颁布《国家文化旅游重点项目名录》，35 个项目入选了首批名录。同时，从 2010 年开始，文化部、国家旅游局每 4 年推出一个中国文化旅游主题年，每两年举办一届中国国际文化旅游节。在兼顾时间和地域布局的前提下，文化部和国家旅游局引导区域性文化旅游节庆活动，每两年公布 8~10 个地方文化旅游节庆活动扶持名录，并通过联合举办、政策优惠、资金补贴等多种方式进行支持，期满后根据活动绩效对扶持名录进行调整并予以公布。"文化+旅游+地产"的文化旅游产业园区则成为近年来主题地产开发的热点。

(三) 文化产业将成为经济发展新常态时期的重要增长点

受内外部环境、发展阶段变化等因素的影响，我国中长期经济潜在增长率下移，国民经济从高速增长换挡到中高速增长，逐步进入经济发展新常态。以技术进步和创意创新为核心、以消费为导向的产业类型有望成为新常态时期我国重要的经济增长点。文化产业是这类产业中的典型：第一，文化产业可以提高消费中的文化含量，推动消费方式转变和消费结构升级，拓展消费市场空间，拉动经济增长；第二，文化产业是现代服务业的重要组成部分，能有效带动一、二、三产业协同发展，助推产业结构调整和优化升级；第三，发展文化产业主要是依赖知识、技术、智力、创意、版权、商业模式等再生性资源和轻资产，产生的污染少，能够减轻经济发展对生态环境的压力。我国文化产业发展潜力巨大。从北京、上海、广东、江苏等省区市的发展经验来看，人均 GDP 超过 1 万美元后，文化产业仍能保持年均 10%以上的增长速度。可以预见，我国文化产业在未来较长一段时期内(至少在"十三五"时期)将保持 10%以上的增速，成为我国经济增长动力接续和转换的中坚力量。到 2020 年我国文化产业增加值占 GDP 的比重将很有可能超过 5%，成为我国的支柱性产业。文化产业自身的产业结构也将会发生较为明显的变化，文化制造业的比重将会逐步降低，文化服务业的比重将会有明显的提升。

第二章　文化产业发展战略分析

当今世界业已进入到一个整体性文化竞争的新时代，文化软实力以及支撑文化软实力的文化战略管理已成为民族竞争的利器。在当前中国文化战略管理开始从自发转向自觉阶段的过程中，仍然存在战略目标设置不尽合理、战略资源配置不协调等问题。要建立中国的文化竞争优势，仍然需要进一步创新和完善文化战略管理框架，大力推进文化职能体系的重构，实现由战略文化体制架构到文化建设体制架构的转轨。

第一节　战略与战略管理

一、战略与文化产业战略

"战略"一词的希腊语是 strategos，意思是"将军指挥军队的艺术"，原是一个军事术语。20 世纪 60 年代，战略思想开始运用于商业领域，并与达尔文"物竞天择"的生物进化思想共同成为战略管理学科的两大思想源流。

因此，所谓战略，主要是指涉及组织的远期发展方向、范围、思路和做法的大谋略。它通过深刻认识甚至创造组织自身的资源和能力，并努力使之与变化的环境相匹配，以达到所有者预期希望的行为艺术和科学战略，是一种从全局考虑谋划实现全局目标的规划。

文化产业始终以特殊的方式反映着一个国家在一定历史时期的政治、经济与文化运动状态。文化产业的发展战略应是指针对文化产业发展实际，为推动文化产业进一步发展而制定的一定时期内、带有全局意义的发展目标与规划。文化产业发展战略对文化产业的发展来说具有全局性、宏观性的指导意义。因此，要大力发展文化产业，必须重点研究文化产业的发展战略问题，这是文化产业健康发展的前提。

文化产业战略是指一个国家、政府在文化产业发展方面应对未来所制定的发展规划和蓝图。具体到一个文化企业，它的战略则是指该企业在经营过程中利用经营技术与经营手段达到经营目标的全局性的方针规划。因此，我们定义的文化产业战略是指国家、区域或文化企业为了超越竞争对手，充分发挥自身优势，根据产业的外部环境和内部条件，对文化产业发展进行的长远性、全局性、根本性的规划。从文化产业发展战略层面来看，文化产业发展战略涉及国家战略、区域战略和企业战略等不同层面的战略划分。所以，从企业层面来讲，文化产业战略也可以定义为：文化企业为了超越竞争对手，充分发挥自身优势，争夺更大的市场与更广泛的顾客群体而制定的带有全局性、根本性、长远性、重大性特征的系统规划。

（一）文化产业发展的国家战略

1993 年，英国以"创造性的未来"为主题，正式发布国家文化产业发展战略。1998 年，欧盟、联合国教科文组织，借用英国之前提出的概念，提出文化产业发展的框架；芬兰制定《芬兰文化产业内容创新启动方案》。2000 年后，日本、韩国相继制定出适合本国或本地区的文化发展战略。

文化产业发展的国家战略主要是指国家从文化产业发展的全局高度，在对文化产业的发展做出总体谋划的基础上，以国家法律和产业政策等宏观调控为手段，推动文化产业的快速健康发展，从而实现国家的文化安全、文化输出以及产业发展的战略规划。

一般来讲，任何国家，即便是完全自由市场国家，基于国家管理模式，文化产业也存在条块分割格局。条块分割对于管理来讲是比较便利的，却不利于产业的整合与发展。文化产业发展的国家战略的重要任务是要协调解决文化产业发展过程中与相关的各行业的关系以及行业内不同类别产业的关系，促进跨行业经营和集团化建设。同时，要加强文化产业结构调整，促进文化产业领域产、学、研的一体化，改革人才培养机制，培育对未来有重大战略意义的产业项目。

文化产业发展的国家战略，是文化产业战略的最高层次，体现对文化产业发展的区域战略与企业战略的把握。文化产业发展的国家战略定位是制定有利于文化产业发展的法律、法规、政策，倡导、传播国家主流价值观，扶持文化产业重点项目，推动文化产业的发展。通过企业之间的竞争、区域之间的竞争和国际竞争，提高国家文化产业的竞争力，并通过产业竞争平台，提升对外输出文化、文化产品和文化服务的能力。

发展文化产业，提高文化企业和区域文化产业的竞争力，是实现文化产业发展的国家战略的基本途径。

（二）文化产业发展的区域战略

文化产业发展的区域战略是建立在对区域特点和优势分析这一基础上的文化产业发展战略，是为了在区域文化产业竞争中获得长远发展而制定的战略规划。由于文化产业特殊的文化作用和经济地位，不同国家的地方区域，特别是城市区域开始重视文化产业，积极推动文化产业的发展，纷纷制定自己的发展战略，这些都是文化产业发展的区域战略。

为了实现文化产业发展的目标，区域需要在优势分析的基础上进行战略规划，并落实到具体的发展模式上。区域文化产业的发展模式需要通过产业集聚和产业链发展的形态而达成。在产业集聚和产业链经营中，需要注重获取高附加值，而高附加值要求产业形态中保持创意和技术。这些，都需要文化企业的参与和配合。与文化产业发展的国家战略相比，文化产业发展的区域战略更需要企业的支持。区域需要结合文化产业的国家发展战略，在区域文化发展的视野下，制定区域文化产业战略，做出合理的模式选择并促进发展模式的创新。

文化产业发展的区域战略是介于国家战略和企业战略之间的战略，具有重要意义。其特点主要是要制定区域性文化产业政策，对本地区的优势文化企业要予以大力支持。区域文化产业的发展战略一方面要考虑本区域文化产业的基础和潜力，同时要立足于本区域在全国乃至全球的比较优势。

(三) 文化产业发展的企业战略

文化产业发展的企业战略是文化企业基于外部环境与内部条件对企业发展作的整体谋划。发展战略对于文化企业来讲十分重要，因为产业发展、无形资产、商业模式和品牌等方面的目标，都需要通过战略来实现。企业发展的"马太效应"表明企业重视战略可以得到很高的报酬，具有领先性战略的企业更能够实现企业价值的最大化。

一般来讲，文化产业发展的企业战略侧重商业模式，不同文化企业的战略性差异是明显的。文化企业需要在战略上进行合理定位，在此基础上落实可持续发展的目标。任何文化企业，当它在业务领域已经积累了初步经验之后，就需要确立自己的战略目标和发展战略。对任何文化企业来说，必须符合一般企业的经营理念，并在战略思考的过程中找到发展壮大的战略方法和战略理念。此外，文化企业不能因为一般企业的"原始积累"的观念，需要通过各种创意、管理、技术创新，同时借助资本运作、并购等手段来提高企业的发展速度。

由于文化产业领域的跨行业特点和多变性特点，文化产业发展的企业战略与产业变化之间变得密不可分。因此，文化企业的发展战略必须与产业分析紧密联系起来。在文化企业战略规划中，要了解企业所经营的产业是上升的产业、成熟的产业还是衰落的产业。在今天，一些传统类别的文化产业受到新媒体的挑战，都会不同程度地出现"过时"的症候。特别是图书报刊、光碟、音乐等行业受到的挑战更是直接和显著。不过，在文化产业领域，衰落的产业是很少的，大多数是上升的或成熟的产业。

在此基础上，用产业分析的眼光分析产业走向和企业机遇，帮助企业经营者达到对企业战略定位的准确分析。

总体上来说，文化产业的基础薄弱，但发展空间大。企业需要在具体战略上决定企业的方向和发展战略，并落实到商业模式上，从而形成自身的核心竞争力。

二、文化产业战略的理念、原则和目标

各种历史机缘使发展文化产业上升到国家战略高度，在国家战略视野中规划产业布局，不能为了眼前利益牺牲质量和效益。要在国家层面做到胸有全局、全国一盘棋，不断提升宏观调控的能力和政策引导水平，不能各自为政、恶性竞争。因此，在指导思想上文化产业发展战略必须明确国家的战略主体地位，中央政府不能缺位，不仅要体现鲜明的国家意志和政策主导方向，还要充分调动战略实施主体的积极性，发挥地方政府、企业、民间组织以及个人的主动性、创造性，尊重其首创精神和创造成果。在产业发展的政策导向上，不能单纯考虑经济效益，还要考虑对意识形态、社会思潮、风俗习惯、道德水平、价值观念等方面的影响，在推动文化产业发展的同时，确保文化产品内容健康积极，符合主流价值观和社会道德标准；同时，在产业布局上要形成社会合力，凸显不同省、市的主导行业优势，通过差异化竞争重构文化产业地形图，在国内市场化程度提高的基础上形成"拳头"产品；在文化市场的结构布局上，文化产品的生产和服务要兼顾大众需求和小众趣味，谨防为了小众丢了大众，发生损害大多数人消费权益的事件。既要考虑消费者当前的感受和产品生产者眼前的利益，更要考虑文化产品长期的社会影响。因此，制定文化产业战略要符合长远利益，融入前瞻性的综合判断，要提出现实可行的量化目标，通过科学评估激励文化产业发展。

说到底，文化产业不仅是文化现象和经济现象，还是政治现象和社会现象。因此，对文化产业的研究必须有"学科群"的支持。文化产业发展战略的制定必须服从并服务于所处的制度环境，必须与所处的制度环境相吻合。文化产业战略规划必须遵循文化生产力主导原则、差别化发展原则、产业结构优化原则、与社会发展相协调原则。只有建立在充分发挥本土文化的比较优势上，才能实现文化软实力的提升。在深度融入现代世界国际产业分工体系的过程中，积极参与现代国际文化秩序的重组，并在此过程中实现我国文化产业体系的全面创新，这是中国文化产业发展的价值取向。此外，相对于一般产业的发展战略，文化发展战略还要遵循一些特殊原则：一是体现正确导向的原则，不能逾越主流价值和社会道

德底线。二是社会效益优先，社会效益和经济效益相统一的原则。对国家倡导的具有较好社会效益和较高文化内涵的产品进行奖励；对文化产品的内容进行审查，对不良文化产品及市场现象进行规制；不断完善企业违法行为处罚、退出机制。三是民族优秀文化遗产生态保护的原则。通过政策调节，鼓励和引导文化企业深入挖掘、积极弘扬、自觉传承优秀的民族文化；四是维护国家文化安全的原则，牢牢掌握文化领导权，把握社会舆论导向；五是扩大本国文化影响力的原则，建构积极有为、刚健清新、包容和谐的中华民族国际影像，提升中华文化的国际话语权。

从文化战略诉求来看，文化产业发展战略要有利于推进文化产业结构调整，这对于提高文化产业发展质量和效益，促进文化产业又好又快发展具有决定性意义；要有利于转变文化产业自身的发展方式，通过鼓励文化产业的集约化发展，通过加快培育骨干文化企业，发挥其辐射、带动、示范作用，形成具有影响力的特色产业集群；要有利于推动文化产业管理体制机制创新——大部制的管理体制，新的管理体制的建构和完善具有解放文化生产力和重建文化生产关系的重要价值；要有利于发挥政策的引导作用，文化产业政策的制定既要遵循产业发展的一般规律，也要考虑产业自身的特殊性；既要立足于本国经济与社会发展的客观实际，又要符合世界文化产业的发展趋势。在文化产业政策目标的制定上，要协调好文化产业政策主体与客体、实施手段三者之间的关系，形成有效的文化产业政策实施机制。因此，为实现文化产业发展战略的价值诉求，必须在文化产业发展战略中融入必要的文化理念；应确立文化发展是社会政治、经济发展最终目的的理念，用文化去评价整个社会的进步；应确立文化竞争力是国家核心竞争力的理念，把文化的大发展、大繁荣上升为国家战略；应确立文化可以创造永久性财富的理念，推动我国的文化积淀、文化资源和文化创意转化为持久财富；确立文化是重要的无形资产的理念，使文化和文化创意发挥比货币资本更大的渗透力；确立文化具有独特规律的理念；确立大力发展文化贸易是优化贸易结构战略的理念，加快转变文化的贸易增长方式；确立文化发展是推动产业升级的理念，用文化产业的大发展带动现代服务业的发展。要明确文化产业的发展必须不断提高开放度的理念；明确文化产业是一个产业群的概念，需要大部制的管理体制；更要明白文化产业是当今时代文化传承、发展、生成的主导方式的理念，其核心是价值观的传播和弘扬。文化建设不只是推动文化产业跨越式发展而成为我国新的经济增长点，更是构建现代文化生产方式并实现文化内容生产的现代化的手段。

发展文化产业不但是传播和弘扬社会主义核心价值观有效的路径和载体，还是以文化的现代价值体系推进整个社会的现代化进程，促进科技文明与民主文明的同步发展，促进中华传统文化精神的复兴与道德体系的重构，使中华文化在新的历史语境下，重新实现说法与活法的统一。文化产业发展的逻辑起点是经济活动、经济事件，其最终的归宿点则是文化价值、文化事件。文化产业发展的重心并非单纯的产业经济效益的追逐。因此，不能狭隘地把文化产业的发展集中在一般经济学意义上的投入与产出上，以经济发展的指标制定文化产业发展战略，而是必须赋予投入和产出新的内涵和价值，以多维价值建设为导向，以复合的文明发展指标为衡量标准，确立文化产业是当代文化发展的主导形态，以市场经济的方式发展文化产业，旨在利用市场的活力解放文化生产力，来满足人们精神文化消费需求的多样性。应确立以文化消费为主导来发展文化产业这一基本战略准则，并以此来选择和制定我国文化产业发展战略的方向和道路。文化产业具有改变现存文化秩序与建构精神世界的价值与功能。文化产业发展的成熟度，在国民经济和社会发展所处地位，及其所发挥的作用与影响的程度，将直接构成国民文化精神和国家文化形象。文化产业的现代发展就具有了战略意义和战略价值，从而具有战略资源价值。开发并控制这种战略资源，进而在全球垄断这种战略资源就成为国际战略竞争的重要内容。

文化产业的发展要实现规模化、集约化、专业化的要求，规模化指在规模上做大，重在"健骨"，即文化产业要有一些以多种技术手段为支撑的跨区域、跨行业、跨所有制、跨国界的骨干企业，鼓励通过兼并重组形成核心竞争力；集约化是指做强，重在"强筋"，即通过提高发展质量与效率，增加科技含量、自主创新能力、知识产权含量来提高产业的集中度；专业化意味着在专业上做专、做特、做精，通过政策扶持和资金支持使中小文化企业活力四射，提高专业化水平，进而推动产品和服务创新。文化产业成为国民经济支柱性产业有多项指标，既要有定量的数据支撑，也要有定性的人文尺度的评估。文化产业增加值占 GDP 的 5% 仅是作为支柱产业的一项经济指标，成为支柱产业不单是量的增长，而是质量和效益的提升，它具有多重意义和价值。支柱性产业不单是规模扩张，更是经济发展水平和现代化程度的提高，是文化影响力和国家软实力的提升。当前文化产业发展进入历史拐点和新的发展周期，必须把握当前产业发展所面临的内外部机遇，在采取先进理念引导、夯实产业发展根基、保护文化传统基础上实现跨越式发展战略。具体说，只有在国家战略高度上对内容产业发展实施强力推动和政策引导，才能抓住文化产业发展的实质。文化产业"走出去"的核心问题是文化价值的传播和相互沟通，由对中国文化的了解到认可乃至认同。所谓文化强国不仅是通过发展文化产业强经济，更是强文化，使经济发展融入文化品格，推动经济的可持续发展，以文化和经济的相互融合促进社会主义现代化强国建设。

第二节　文化产业发展战略的实施前提

一、要透过纷繁的现象把握本质

进行战略选择时，有很多影响因素，有些是本质的因素，有些是表象的因素，要透过纷繁的现象来把握本质，才能在进行战略选择时不被表象所迷惑。掌握比较充分的信息，是透视本质的必要条件。实际上，本质的把握来源于充分掌握各种信息并依靠科学的分析能力。

把握本质可以确保战略重点和战略可行性。战略的本质就是实现可持续发展的途径及方法；人力资源的本质是以人力为资本，是可以创造价值的资本；企业文化的本质是以人为本，倡导企业的主流价值；文化产业的本质是商业而不是文化，虽然它是关于文化产品和服务的商业。把握本质之后，就可以围绕该本质来开展工作。例如，从人力资源的本质来看问题，就是要把企业家的作用发挥到制定发展战略和其他重要事项，而不是对大小事情都事必躬亲。要学会抓大放小，坚持有所为、有所不为。其中的"大"和"为"就是本质性的问题，只有认识到重点所在，才能抓住具有战略性意义的部分。

二、要考虑价值观的相容

在文化产业发展战略的选择过程中，必须确定所选择的战略是否与价值观相一致。这需要进行两个方面的分析：一方面进行战略定位分析，把文化产业的发展战略分解成若干个主要的战略任务，对每一战略任务进行定位。另一方面考虑价值观相容性，即战略任务和价值观之间的相容程度。

这就是文化产业的发展战略中价值观的相容性分析。这种分析的意义在于，当发现文化产业的发展战略与价值观存在严重不一致时，可以采取措施，降低风险，提高战略实施的成功机会。对于文化产业来讲，实行新的战略时对战略与价值观进行相容性分析是十分必要的。从价值观与战略的相容性来分析，价值观对文化产业的发展战略的影响是很大的，一般说来，战略所需要的基本信念和经营行为方式可以与价值观相一致，也可能与之不一致。如果价值观与企业战略不一致，相互抵触，就难以成功地实施这一战略，但现有价值观的阻碍作用也会从负面影响文化产业长期经营业绩的取得。

从一般意义上讲，价值观与文化产业的发展战略的相容性关系可以分为以下三种：一是相容，二是基本相容，三是不相容。

文化产业在实施其战略时要充分考虑与价值观的相容性，但不能为了迎合现有的价值观，而将新的战略修订成与现行价值观相一致，这是不符合文化产业长远利益的。当文化产业的发展战略与价值观不一致，而为了文化产业的长远发展又必须实施新的发展战略时，需要从两个方面采取管理行动：一是要痛下决心进行变革，二是倡导形成新的价值观。

文化产业本身是主流价值的载体，价值观与文化产业的发展战略在本质上存在着一致性，二者密不可分。但由于价值观属于文化范围，价值观对于文化产业的影响是潜移默化、源远流长的。总体来看，价值观对于文化产业的发展战略有着潜移默化的多层次的影响。考虑价值观与文化产业的发展战略的相容，重视了价值观因素，科学地选择文化产业的发展战略，文化产业才能适应瞬息万变的市场，竞争力才能在市场中充分显现。不同的文化产业发展战略需要不同的价值观与之匹配、相容，并推动、促进文化产业战略目标的实现。

三、要具有基于事物发展逻辑过程的前瞻性

所谓前瞻性，就是战略选择时不要仅看眼前的情况就事论事，而是要把短期和长远的发展结合起来，能够把握事物发展的趋势，能够判断到在某个时间段里会有什么事件发生。文化产业的发展战略需要具有前瞻性，才能很好地把握住它的定向。例如，我国有很多家长热衷于把孩子送去学艺术、学表演，可是，举国上下 13 亿人中能有几个大明星?这么多人都在学，最后能成功几个?这就是没有前瞻性的表现了。又比如，凡是比较热门的专业，几乎所有的高校都竞相开办。可几年后，热的专业可能因此饱和，冷的专业反而紧俏，这也是没有前瞻性的表现。所以，文化产业发展时要清楚，今后三五年内产业会发生什么变化?只有把握住了这些才能做进一步的战略规划。

但是，这个前瞻性不是越远越好，前瞻性不能忽视眼前的问题，重视眼前的问题并不意味着没有前瞻性。因此如果忽视了眼前的问题，反而成为"虚无缥缈"了。所以，前瞻性是要按照从现在到未来的次序来展开的，这里的未来是可把握的未来、是与战略方向和战略目标一致的未来，这个时间次序是按照事物发展的逻辑过程向前推进的。

具备前瞻性能够使文化产业发展避免一些盲目的风险。例如，凡事"一窝蜂"而导致的"撞车"是一种风险。如果具有前瞻性，就可以通过对某些趋势的预测来避免"撞车"。如果不去把握趋势而只看眼前的话，是会吃大亏的。例如，当媒体报道网络游戏和动漫有"暴利"的时候，当一些影视剧挣了大钱的时候，跟风而上的结果就会造成泡沫。在文化产业领域特别要有基于事物发展逻辑过程的

前瞻性，才能避免恶性竞争。

四、要完整准确地进行结构性全局的把握与分解

战略性思维重视结构性全局的把握和分解。所谓结构性全局的把握，就是以空间性的鸟瞰来把握未来的走向。对于结构性全局的把握，不同性质的事物有着不同的应对策略，一方面必须把握全局，包括从空间上和时间上，另一方面要对全局内部的细分结构加以把握。结构性全局的把握与结构的分解细化，它们之间是互动的。

战略性思维对结构性全局进行把握和分解，要重视整体观与具体化的统一。事物的性质决定事物的本质，从结构性全局来看，要抓根本、要治本。但是，有时急迫的事情——标没有处理好，会严重妨碍本的处理。所以，不是等治"本"了以后才治"标"，而是要标本兼治。标本兼治，既是对结构性全局的把握，又有对结构性全局的分解。

要完整准确地进行结构性全局的把握与分解还要善于进行比较分析。有比较才会有鉴别，这是一个常识。在重要的战略选择上、需要比较各种可能的机会、问题和方案。对于一个有疑义的方案，可以通过比较分析来看清决策的要素。文化产业中的某个门类的发展战略，是不是与发达国家的某一阶段的做法和市场环境具有相似性，可以进行一些比较与借鉴，以避免走弯路。

比较应当包含反向思考、换位思考。如果在战略选择中选定了某个方案，并不是由于你本来就只有这一个方案，而是在与其他方案的比较中，这个方案是最好的。如果要进入某一个领域，也要先做比较。相对于正在做的这件事，你有什么优势?如果现在没有优势，那今后会不会有优势?总之，战略选择应当记住两点:第一，承认变化无时不在(客观方面);第二，在比较中找到自己的长处(主观方面)。在作比较的过程中，有时需要从反向的角度来思考。例如，无形资产在文化产业中发挥的作用可能高于有形资产，因此，文化产业的发展战略应当重视品牌、技术、内部管理等方面的要素。

第三节　文化产业发展战略的选择

一、文化产业发展战略走向

明确文化产业的战略走向，战略走向是战略选择的前提。我国文化产业的发展已经初具规模，文化产业形成了一定的辐射力和渗透力。文化产业的发展，已不可避免地涉及战略走向和战略选择问题：文化产业的战略走向是建立在对产业外部环境以及内部状态实事求是的分析的基础之上。产业发展状况、竞争环境以及公司本身竞争能力、资源状况、优劣势分析是战略走向的关键。不能明确文化产业的战略走向，就不会有文化产业正确的战略选择。文化产业的战略走向呈现如下特点。

（一）市场化走向

文化产品与文化服务具有一般商品的共性，文化产业也具有一般产业的共性。所有的文化产品和文化服务同物质产品一样，都是由产品、生产者与消费者等要素所构成，并都受到生产力与生产关系的矛盾运动的制约，同时也都要受到经济法则与价值规律的支配。文化产品和文化服务的市场属性不仅不是对文化产业的内在本质与规律的违背，而恰恰是对其内在本质与规律的揭示与契合。

随着现代科学技术的发展，文化产业影响的渠道越来越多样化和个性化，个人的选择也会越来越自由化。社会发展到了文化产品和文化服务都要通过和借助于产业化、市场化的载体才能达到最佳效果的时代。文化产业的市场化进程将加快，文化产业的开放是必然的。各国文化产业面临的国外冲击很大，不尽早在国内开放，不尽早引进市场竞争机制的话，将影响文化产业良性有效的竞争及其效率。目前，一些国家文化产业门槛还比较高，这是与文化产业的市场化走向相违背的，应及早调整，否则公众就会从其他的渠道获得他们需要的文化产品和文化服务。

文化产业市场化的加快,将使文化产业组织的市场主体地位得到强化,文化企业将遵循市场经济体制的运行规律,自主经营、自负盈亏,不断创新以求发展。只有这样,文化企业的活力才能增强,文化生产力才能得到有效的释放,文化产业才能真正产业化。

(二) 竞争性走向

文化产业的竞争性走向主要包括区域性竞争走向和全领域性竞争走向。文化产业的发展表现为区域性和行业性的发展,是在区域和行业的竞争中发展起来的,其发展的战略走向之一主要表现为竞争性走向,即区域性竞争走向和全领域性竞争走向。

从区域性竞争走向来看,全球范围内的文化产业非均衡发展态势进一步突出,经济比较发达的国家和区域文化产业的发展保持继续领先的优势,文化产业在提高区域经济增加值和综合竞争力方面将日益重要。围绕着国家、区域市场的争夺与反争夺,进入与反进入,合作与反合作,整合与反整合等,文化产业竞争将在文化产业的各个国家、各个区域全面展开,区域的竞争性走向十分明显,国家和地方区域在保护本国、本区域利益的驱动下,将会以一种新的存在方式来演示其合理性。

国家、地方关于文化产业发展的总体规划在对各区域文化产业发挥指导性作用的同时,区域文化产业发展的自主性选择倾向将更加明显,若干个区域文化产业发展中心,将最可能在那些最先发动并且已经获得占位优势的国家和中心区域出现。文化产业发展的非均衡态势存在着被进一步拉大的可能性,为了争夺成为文化产业发展的中心,区域性竞争将更加明显。

从领域性竞争走向来看,文化产业与其他产业越来越交叉融合,表现为全领域性竞争走向。随着文化产业的发展,市场准入将越来越放开,文化产业不同领域之间的壁垒将逐渐被打破,文化产业与其他产业领域的壁垒也将逐渐被打破,全领域综合竞争的走向越来越明显。

（三）信息化走向

世界正在逐步走过工业经济时代，进入信息经济时代。文化全球化已经被信息全球化浪潮裹挟而至。因此在信息时代发展文化产业，只有利用高技术推动文化产业，才能迎接这一历史挑战。利用高技术推动文化产业的发展，就是通过高科技手段，整合与提升各种文化资源，开辟文化产业的新的领域，加快文化产业的发展进程，从而达到甚至并赶超世界文化产业的先进水平。

文化产业是一种知识型产业，现代高科技为文化产业的发展提供了强大的技术支持。高科技在文化产品中广泛运用，提高了文化产品的生产速度和质量，数字电视、数码电影、宽带接入和视频点播、电子出版和数字娱乐等新的文化产业群形成主流，增强了文化产品的品位和艺术效果，从而扩大了文化产品的市场需求，传统文化产业比重过大的问题在文化产业结构的数字化提升中将得到根本性转变。

文化产业的信息化进程将成为提升文化产业综合竞争力的主要手段，信息化走向将成为文化产业发展战略的新走向。因此，要发挥文化资源优势，加大文化产品开发、生产、传播的科技含量，以信息化、数字化为主要手段，促进文化产业的超常规发展。

（四）全球化走向

随着世界经济一体化进程的加快，全球文化融合也在逐步加温升级。特别是在信息化时代，文化产业各个门类包括新闻媒体、电影、电视、教育、网络、体育、旅游等全球化格局正在形成。以电影业为例，当前任何国家的电影走向世界已经不仅仅是一种文化行为，也是一种经济行为，主要表现在各国电影都试图广泛吸收非本国的投资，弥补电影资金的短缺，都将目标瞄准了世界市场，尽量扩大票房和广告收入。

事实表明，文化产业各门类的全球化走向已成为大趋势，并成为各个国家和地区的共识。而建设面向世界的文化产业的另一个重要方面，是要博取各国文化之长，积极引进和吸收国外优秀文化成果。自 20 世纪 90 年代以来，世界文化交流日趋活跃。但是，这些活动主要还是局限于少数大城市和发达地区，而且在文化交往的过程中，许多国家又有诸多的限制。因此，必须进一步建立健全全球文化交流的新机制，形成多渠道、多层次、多形式的自由交流格局。

值得注意的是，WTO 规则使世界文化产业的交易与贸易更加自由和方便。WTO 及相关协议将世界贸易规则扩展到了服务业，它要求缔约方对外国的服务和服务提供者给予最惠国待遇和国民待遇，强调缔约方之间应在无歧视的基础上进行贸易，从而降低了文化产品的市场准入标准。文化产业和文化市场将在有限范围和有限领域内的开放，转变为世贸组织规则框架下的多领域开放，各国文化产品、文化企业、文化产业都将更加便利地走向世界市场，与国际文化市场接轨。经济全球化带来的跨国经营和跨国贸易品的生产、流通、消费和服务趋向全球化。

二、文化产业发展战略维度

文化产业的发展战略，是一个庞大的系统，从不同的角度来看，有不同的分类方法，加上不同的人有不同的理解，文化产业的发展战略可谓众说纷纭。经过梳理，我们还是可以从这个复杂的庞大的系统中整理一个基本的框架：大体讲，文化产业的发展战略可以从三个维度进行分解。

第一个维度从文化产业的发展战略的层级来划分，可分为国家战略、区域战略和企业战略。国家战略是文化产业的宏观战略，区域战略是文化产业的中观战略，文化企业战略是文化产业的微观战略。从世界各国文化产业的实践来看，国家战略和区域战略大多是制定支持文化产业发展的法律与政策，对于文化产业的发展影响很大。但一般来讲，没有多少选择，因为很少有国家的区域会制定不支持文化产业发展的战略。要真正促进文化产业的发展，文化产业的企业战略是最重要的，是文化产业能否真正实现其战略目标的关键。

第二个维度是文化产业发展战略方向的选择。无论是国家、区域还是企业，战略方向有三种基本的类型：一是发展性战略，二是稳定性战略，三是撤退性战略。根据前面的综合分析，文化产业的总体战略形势是：机遇大，优势明显，风险较大。所以，无论是文化产业的国家、区域还是企业战略，总体战略方向基调应当是发展性战略，但不同的区域，特别是不同的企业同时要考虑到稳定性战略，个别还要考虑撤退性战略。

第三个维度是文化产业发展战略内容的选择。文化产业战略目标必须分解到具体的层面(职能)，通过各项职能活动，保证总体发展战略的实现。具体内容、具体职能的发展战略，也可称之为文化产业的职能战略或战略内容。相对文化产业的总体战略，职能战略是总体战略的组成部分，比较具体，主要涉及协同作用和资源配置等战略构成要素。如文化产业的人力资本战略、技术发展战略、市场营销战略等。

对于每个维度，还可以进一步细分，如发展性战略又可分为三种类型，即：集中战略、一体化战略和多元化经营战略。集中战略是指将全部或绝大部分资源集中使用于某一行业或行业领域，力求在该领域中取得最优业绩，包括市场开发战略、产品开发战略等。一体化战略是指在目前经营范围的基础上进行横向或纵向的扩展，包括前向一体化、后向一体化、横向一体化。多元化战略是指企业间提供两类或两类以上的产品或服务，包括不相关多元化、相关关联多元化、相关限制多元化、纵向多元化。

这样，从以上战略层级、战略方向、战略内容三个维度来分析，文化产业的战略是一个十分庞大的系统，而且不同维度还可以交叉组合。越细分，系统越庞大，组合越复杂。加上不同的人有不同的理解，文化产业的战略选择就显得十分重要。因为文化产业的发展战略是一个庞大的系统，但文化产业的战略选择并非越多越好，一定要选择最适合本国、本区域或本企业的战略。具体到文化产业的区域，特别是企业发展战略，往往是选择一两个战略就可以振兴一个区域或企业。如果什么都选择，可能什么也执行不了，等于什么也没有选择，最终一事无成。

三、文化产业发展战略执行

战略制定后关键是执行，再好的战略，没有人去执行或执行不到位也是没有用的。因此，战略制定后并不等于达到了战略管理的目的，关键是通过战略管理实现有序管理，使战略有据可依，并在管理过程中不断完善战略方案。

(一) 形成战略共识

战略共识是战略执行的基础。在战略执行中存在这样的现象：当组织制定出战略后，战略执行后，往往发现最后的结果与当初的预期有很大的差距。这时，普遍会反映说是执行不力。确实，我们应当承认，执行能力有大有小，但也必须反省一下，在战略制定前，有没有与执行者进行过深入地沟通。决策者与执行者之间对战略的理解是否能达成一致，也就是双方有没有达成战略意图的共识?这里的关键问题是决策者与执行者之间对战略能否取得共识。

没有取得共识的原因可能包括几种情况。第一，理解不一样。制定战略的人所接触的可能是整个行业的情况，信息又非常灵通。而执行战略的往往只是埋头于具体的工作、执着于一两件具体的事项。这样，两者之间关于文化产业的发展战略就会缺少一致的认识，由于理解不一样，执行的结果与设计的初衷就有了差距。第二，缺乏执行的积极性。由于总担心执行走样，在这样的情况下，决策者对执行者不甚放心。而不放心的具体结果就是，让执行者去做一件事，但在做完后，都要亲自再过一遍；不满意的话，甚至要推倒了重来。这样一来，所有在这之前的执行就全都没有意义了。所以，执行者就不会再有积极性了。这样对战略的执行没有任何好处。最后所导致的结果，并不是手下没有执行力，而是他们越来越不愿意执行了。

因此，进行文化产业的战略规划，在内部统一思想，明确产业的发展方向、目标及实现产业目标的途径与手段，并制定详细的计划将战略转化为具体可操作的行动计划，也就是形成战略共识是这个阶段文化产业发展战略要首先解决的问题。真正好的执行者是会把握好分寸的，执行战略与制定战略基本上是一致的，这才叫作有共识的执行。要做到这一点，在战略执行之前多作调查研究，执行之前与执行者进行深入讨论，取得共识，一直到几乎所有的进程都能够明确到具体的数字为止。同时，还要在具体的执行过程中，注意培养执行者的独立执行能力。

（二）规范执行程序

设计合理的战略流程与运营流程，让战略适合于竞争环境的同时更加适合于执行。这就一方面要求决策者制定战略时要考虑这是不是一个能够彻底得到执行的战略，另一方面要求决策者要用战略的眼光诠释执行。好的战略应与规范的执行程序相匹配。

因此，决策者制定战略后也需要参与执行，只有在执行中才能及时并准确地发现战略目标能否实现，从而决策者可以及时依据执行状况调整战略，这样的战略才可以有效达成目标。如果决策者角色定位错误，忽视执行程序，等到发觉战略不能执行再调整则悔之晚矣。

萨嘉塔(Robert zagotta)提出了有效执行程序的七个步骤：一是量化愿景，二是用口号传达战略，三是规划结果，四是规划你不做的事，五是开放战略，六是状况与进度自动化管理，七是建立执行与战略之间的良性循环。战略管理就是管理战略执行的程序，只有规范战略的执行程序，才能使战略与执行之间良性互动，从而促进战略目标的实现。萨嘉塔的观点很有价值。

简单地看，规范战略执行程序要特别注意把握好以下几个关键环节。

第一，所有的人，无论是做哪件事的，只要是与这件事相关的，都应能对战略有整体的把握。如果对整体性把握很差，在执行上一定会有很大的差距。战略制定者一定要让所有的人提高对战略整体性把握的能力：

第二，要对战略进行分解细化处理。一个战略，要执行就一定得分解，明确各执行人负责什么，使之成为可执行的项目：

第三，对执行中的具体方案和进程一定要及时把握。具体的战略方案要落实到具体的可控制的程度，这样就能够监控进程，不行的话，马上进行战略调整或人员调整等。如果等到一件事已经完成了才说不行，才去重新洗牌，那时的损失就可能会倍增。

第四，要及时反馈执行过程的各种信息。在执行的过程中，一定要及时反馈信息，否则就会处于盲态。

（三）整合执行能力

花大力气制定了文化产业的发展战略，由于对战略缺乏了解，不清楚工作方向，资源不能按照发展战略的要求进行配置，导致战略与产业发展脱节，战略到头来是被束之高阁的装饰品。战略制定层不能对战略执行能力进行整合，无法在重点指标上获得突破，结果将与战略目标相去甚远。

《财富》杂志的一项统计表明，美国只有不到10%的企业战略得到了有效的执行，而这一数字落到中国文化产业发展上势必更低。在充分考虑行业外部环境和内部条件的前提下，整合符合文化产业发展战略的执行能力，将绩效评价同战略管理的核心要素结合起来成为战略执行的关键。战略执行的关键在于建立科学的绩效评价制度。虽然建立起了绩效评价体系，但执行效果并不理想，其核心原因是没有进行有效整合，造成运营与绩效评价的脱节。只有将绩效评价与战略管理的活动有机整合起来，才能获得内外一致的战略执行力。

比如，文化产业通过 SWOT(即优势、劣势、机会与威胁)的分析，结合产业发展所处的阶段，决定采用"成本领先"的竞争战略。但如何制定其相应的职能战略，例如营销战略、市场战略、生产战略、财务战略、人力资源战略，等等，如何将竞争战略与职能战略融为一体?如何使各职能战略之间相互协调?又如何衡量战略目标与业绩，从而使成本领先的竞争战略及各职能战略得到很好的执行呢?这不仅取决于战略的正确制定，还取决于战略执行能力能否得到有效的整合。

（四）让执行者参与决策

战略执行还要解决"让执行者决策"的问题，以及在沟通过程中完成对执行者决策能力的培养问题。

现实中，有很多战略制定者没能从积极的角度来看待执行者的"不配合"，他们认为这是执行者"不忠诚"或者是"太懒"。而实际情况并不是这样的。大多数执行者都是很想干好并且很想受到赏识的。但由于缺乏信任和激励，执行者就会越来越没有积极性。这是战略执行上的大问题，如何让执行者有积极性，最终的办法是充分授权。在多数情况下，因为不知道授权下去以后如何才能控制好，决策者通常的做法就是不授权。的确，如果决策者和执行者之间没有进行过很深入的沟通，那就千万不要授权。这不仅仅是因为你的授权是不可靠的，还因为不可靠的授权会对文化产业的发展造成很大的损害，而执行者的积极性也会被严重挫伤。

如何充分授权，授权后如何控制?最好的解决办法是让执行者参与决策。让执行者参与决策，执行者的积极性通常会很高，但监控一定也要及时，否则就会失控。所谓"充分授权"，就是说，在战略制定过程中，让执行者参与决策，然后，在战略执行过程中充分授权，这时只要监控执行者是不是在按照事先约定的那套方案来做。当然，监控也不是凡事"插手插脚"，而是要知道战略执行的进程。

总之，让执行者参与决策，才能在战略执行过程中充分授权。这两者结合起来，才能真正提高执行者的积极性，提高战略的执行力。

第三章 文化产业管理及其层次问题分析

我国的文化产业目前已取得长足发展，在机构数量、从业人员、投入费用、经济效益等方面都有很大提高。但由于起步较晚等原因，目前在管理方面仍存在体制、规划、竞争力、融资等方面的问题。文化产业作为一项新兴的产业，在发展的过程中有其特殊性和复杂性，需要加强管理。文化产业的管理是一个需要不断探索的重大社会课题，对于文化产业的管理模式进行全面的探索和研究，是当前和今后文化产业发展中需要加以解决的紧迫问题。

第一节 文化产业的管理的内涵

一、文化产业管理的概念

文化产业管理是对文化产业活动这一社会经济行为进行的管理。

从文化产业的概念可以看出，文化产业是一项综合性的社会经济活动，涉及社会文化、经济、政治的各个方面。文化产业管理相应也就具有丰富的内涵，涉及受文化产业活动影响的各个方面，如对文化活动的管理、对文化产品生产过程和质量的管理、对文化服务企业的管理、对文化资源的管理、对国家文化产业政策的管理等。由于管理是存在于组织之中的，组织形态与组织层次的差异形成了管理的特色。从组织层面的角度，可以把文化产业管理分为宏观管理与微观管理。

文化产业微观管理是指生产文化产品和提供文化服务的企业的经营和管理活动。为消费者提供文化服务的企业涉及许多经济部门，如印刷、广播电视、网络、文化娱乐等。在现有国民经济管理体制条件下，这里所说的文化服务企业是指接受文化产业主管部门行业管理的企业。

文化产业企业经营管理是文化企业在国家宏观管理政策的既定前提下，利用各种资源，达到企业目标的过程。管理者是文化企业的各级管理人员，管理对象是企业的人力、财力和物质资源，管理的目标是使企业获得理想的经济效益与社会效益。

文化产业宏观管理是文化产业主管部门从促进国家文化产业和文化事业发展的角度来管理文化产业活动。主要包括两个方面的内容。

第一，文化产业活动的引导与管理。根据国民经济发展水平和社会发展与进步的需要，对文化消费者的活动制定促进或限制的政策，协调文化产业活动与社会经济发展之间的关系。

第二，文化产业的行业管理。制定促进文化产业各行业发展的各项政策、规划和标准，控制文化产业各行业发展总量，对文化产业的生产和服务企业进行间接的调控与管理。

宏观文化产业管理的职权行使者是政府部门或其授权的有关机构，以及文化产业各行业的行业协会等行业组织；管理的对象范围广泛，包括文化产业从业者的活动、文化产品的生产和服务企业、文化产业资源等；管理者与管理对象之间的关系较为松散，管理者通过引导与监督等间接手段进行管理。

宏观管理的主要目标是为取得国家的整体利益，而不是为了个别组织的经济利益。

二、文化产业管理的特点

(一) 文化产业管理的复杂性

文化产业管理的复杂性在很大程度上是由其综合性和无形性决定的。而且，文化产业是专门提供或经营文化产品和服务的，它的服务对象虽然都可称为文化消费者，但是与物质产品消费者不同的是，由于文化背景的不同、经济实力的差异、精神需求层次的区别、消费志趣的变化等原因，文化消费者群体具有很大的不确定性，而这往往会在很大程度上增加文化产品和服务质量、文化市场等的管理难度。

（二）文化产业管理的无形性

文化产业是从事文化产品生产和提供文化服务的经营性行业，生产经营主要是为满足人们精神需求的精神产品或文化产品。文化产品和服务除了具有一般商品的属性如经济价值和使用价值外，还具有其特殊性即意识形态性。文化服务有的有现实的表现形式，但也有很多是无形的。至于文化产品有一些虽然也是以物质形态存在的，具有物质产品的特性，但与一般的物质产品不一样，物质只是其载体，而不是产品本身，文化消费者是消费它所承载的文化内容。因此文化产业管理，不仅要管理那些有形的文化产品和服务，也要管理那些无形的产品和服务。从这个角度上讲，文化产业管理具有无形性的特点。

（三）文化产业管理的综合性

文化产业是一个新兴的产业，也是一个包容性特别强的产业，无论按国内还是国际上的界定，文化产业都包容了很多的行业。如国家统计局正式颁发的《文化及相关产业分类(2004)》将文化产业分为两大部分 9 大类 24 个中类 80 个小类，其中既包括文化产品的生产、销售和各类文化服务的提供，也包括文化用品、设备的生产、销售和相关文化产品的制作和销售，涉及第二产业和第三产业的几十个相关领域。2012 年国家统计局新修订颁布的《文化及相关产业分类(2012)》更是将文化产业分为两大部分 10 大类 50 个中类 120 个小类。如此广泛的包容性，对文化产业的管理提出了挑战，也充分体现了文化产业管理的综合性特点。

（四）文化产业管理是科学性与艺术性的统一

管理科学和管理活动本来就要求科学性与艺术性统一，而文化产业是提供文化产品和服务的，文化产品和服务是文化创造的结果，包括精神文化产品和物质文化产品两种形式——前者不具有物质外形，直接体现在人们的精神生活之中，并作为人的文化素质得以保存和积淀；后者则具有一定的物质表现形式，以一定的物质材料作为自己的载体，例如书籍、雕塑、博物馆等。因此，文化市场在运行过程中除了表现出一般商品市场的功能外，还有其特殊功能，对管理活动的科学性和艺术性提出了更高的要求。

三、文化产业管理的原则

文化产业管理所具有的一系列独有的性质与特点，决定了文化产业管理要遵循的原则也与一般的行业管理有差异。

(一) 始终贯彻发展社会主义先进文化的原则

文化是民族的血脉，是人民的精神家园。正如党的十七届六中全会通过的《中共中央关于深化文化体制改革、推动社会主义文化大发展大繁荣若干重大问题的决定》所说的那样："当今世界正处在大发展大变革大调整时期，世界多极化、经济全球化深入发展，科学技术日新月异，各种思想文化交流交融交锋更加频繁，文化在综合国力竞争中的地位和作用更加凸显，维护国家文化安全任务更加艰巨，增强国家文化软实力、中华文化国际影响力要求更加紧迫。当代中国进入了全面建设小康社会的关键时期和深化改革开放、加快转变经济发展方式的攻坚时期，文化越来越成为民族凝聚力和创造力的重要源泉、越来越成为综合国力竞争的重要因素、越来越成为经济社会发展的重要支撑，丰富精神文化生活越来越成为我国人民的热切愿望。""文化建设是中国特色社会主义事业总体布局的重要组成部分。没有文化的积极引领，没有人民精神世界的极大丰富，没有全民族精神力量的充分发挥，一个国家、一个民族不可能屹立于世界民族之林。""没有社会主义文化繁荣发展，就没有社会主义现代化。""在新的历史起点上深化文化体制改革、推动社会主义文化大发展大繁荣，关系实现全面建设小康社会奋斗目标，关系坚持和发展中国特色社会主义，关系实现中华民族伟大复兴。"因此，文化产业管理必须"要准确把握我国经济社会发展新要求，准确把握当今时代文化发展新趋势，准确把握各族人民精神文化生活新期待，增强责任感和紧迫感，解放思想，转变观念，抓住机遇，乘势而上，在全面建设小康社会进程中、在科学发展道路上奋力开创社会主义文化建设新局面"。

(二) 遵循文化发展规律原则

文化建设同经济建设、政治建设、社会建设一样，有其自身的特殊规律。认识和把握规律并不容易，但违反规律则会造成严重后果。因此，文化建设必须遵循文化发展规律，静水深流，精气内行，长期涵养、积淀。一个国家的文化发展水平，要以民风、民心、创新成果、幸福指数等一系列指标去衡量。要从和谐稳定看文化的社会调理功效，从经济发展质量、生态文明建设成效看文化的底蕴根基表现，从文化创新能力看文化的精神气象格局，从人民群众满意度和是否安居乐业看文化的为民惠民成果。

(三) 以人为本原则

文化的根本功能是提升人的精神境界，为社会生活提供意义系统和价值系统，使人们不仅在物质生活上，而且在知识、道德、审美等各个方面得到全面发展。"以文化人"方能致远。文化产业管理必须坚持以人为本，贴近实际、贴近生活、贴近群众，坚持文化发展为了人民、文化发展依靠人民、文化发展成果由人民共享。这种由文化所彰显的软实力，与中国传统思想中的"王道"一脉相承，具有一种安近来远的强大力量。

(四) 市场导向原则

发展文化产业要坚持以市场化为导向，形成文化产业发展的内生动力。所谓坚持市场化为导向，就是在文化产业发展中，适应社会主义市场经济发展要求，从文化产品策划到产品营销，从人员素质到体制机制，都要按市场经济规律办事，形成强大的市场竞争力。文化产品也要通过市场来实现其价值，文化产业也要接受市场评判。

随着国家文化体制改革的逐步深入，文化企业将完全走向市场，成为社会主义市场经济的主体。借助市场力量发展壮大的文化企业，可以让自己的文化产品和服务更具影响力，而最终目标都是为文化建设服务。同时，文化企业也应当有责任、有信心为人们提供更高品质的文化产品和文化服务，让社会主义先进文化产生巨大的影响力。

（五）分类指导原则

文化产业行业多，门类杂，文化产业管理必须要针对文化产业不同行业的发展特点和管理现状，分别制定科学合理的管理办法，确定与之相适应的管理模式和手段；根据不同地区文化市场发展水平、特点以及存在的主要矛盾和问题，确定符合当地实际的主要任务、管理重点和工作措施。同时，加强文化法制建设，一手抓繁荣、一手抓管理，推动文化事业和文化产业全面协调可持续发展。

（六）社会效益和经济效益有机统一原则

处理好公益性文化事业和经营性文化产业的关系，做到既能满足人民群众基本文化需求，又能兼顾人们的多样化、多层次、多方面的文化需求，是探索中国特色社会主义文化发展方式的着眼点。国家"十二五"规划纲要明确提出，要坚持一手抓公益性文化事业、一手抓经营性文化产业，始终把社会效益放在首位，实现经济效益和社会效益有机统一。党的十七届六中全会决议也强调，坚持把社会效益放在首位，坚持社会效益和经济效益有机统一。只有坚持社会效益和经济效益的有机统一，文化产业才能真正实现可持续快速发展。

四、文化产业管理的属性

（一）文化产业管理的社会属性

文化产品和服务的社会属性是由其公共性决定的，文化是人类精神和思想的一种表达方式，抽象的精神和思想需要通过有形的文化产品得以传播。虽然文化产品创作的最初来源大都具有个体性特征，体现为个人的创作过程，但是，任何文化产品的价值和意义必须经过集体、社会或传统的认同才能获得持久的生命或影响。在任何一个时代、任何一个国家或民族，文化产品和服务的创造和生产，都是一种社会引导，它教化民众，传承文明，传播知识。

1. 文化产业的社会属性

文化产业的社会属性或公共性，是指其具有陶冶人们情操，促进整个社会的文明建设，乃至引导人类不断追求美好、向上的功能。文化产品具有认知、审美、娱乐、教育等特性，好的文化产品能够帮助人们了解和掌握社会历史发展规律，能够使人们愉悦性情，获得娱乐体验和美的享受。如果我们今天的文化产业不能起到启蒙大众、教育民众、净化心灵、改变浮躁社会心态的作用，不能传承创新我们优秀的民族文化，那么我们的文化产业即使产生再多经济效益，也注定将失去现实存在的合法性。故而强调文化产业的社会责任，既是对现实负责，也是对未来负责。因此，文化产业及其管理应当承担其应有的社会责任，通过文化产品的生产与传播，使人们受到文化的熏陶和感化，思想、情感发生变化，形成一定的人格修养，在全社会形成积极向上的精神追求和健康文明。

2. 具有"公共性"的文化产品和服务

文化产业的公共责任是由文化作为公共领域的公共属性以及文化产业所生产和提供的文化产品的功能性属性规定的。文化产业是人类精神文化创造的重要表达方式与载体。在文化产业的所有形态的运动中，无论是经济的还是政治的，都是通过文化产品的生产和传播作用于人的精神世界，满足人们的精神消费需求，影响人的生活态度和生活方式，改变人观察世界和认识世界的思维模式，进而影响人的社会行为。不断地学习、掌握和借助于新的文化传媒手段来提升自己的文化生存质量，已经成为现代社会人们的集体意识。

(1) 文化产品的两种表现形式

从文化产品的表现形式看，文化产品分为物化形式的文化产品和服务性的文化产品。前者如书籍、美术、文物或邮币卡、音像产品等，后者如文艺演出、文博展览以及旅游休闲活动等。无论是物化形式的文化产品还是服务性的文化产品，都可以按其是否具有排他性和竞争性分为私人文化产品和公共文化产品。通常认为，私人文化产品是由消费者个人排他性占有和使用的、用于满足自身需要的文化产品，以物化形式的文化产品居多；公共文化产品则是在社会和集体范围内占有和使用的，往往以服务性的文化产品居多。

(2) 具有"公共性"的文化产品和服务

具有"公共性"的文化产品和服务可分为两类。一类是纯公共文化产品和服务。纯公共文化产品和服务主要指用于保障国家文化主权和社会稳定、展现国家文化形象、保护文化遗存、传承文化精神的文化产品和服务。它因为具有"非排他性"和"非竞争性"性质而具备鲜明的"公共性"特点，一般无法通过市场机制获得相应的效益，诸如街头雕塑、广场音乐会和免费开放的图书馆、博物馆等。另一类是准公共文化产品和服务。社会上大多数文化产品属于这一类，其特点是既具有一定的"非排他性"，又具有"竞争性"和"外部收益"。相对于纯公共文化产品和服务，准公共文化产品和服务的性质会发生一些变化。某些准公共文化产品和服务局限在一定地域，其受益的范围是有限的，如地方性准公共文化产品和服务；由于公共文化产品和服务的使用可能存在"拥挤效应"和"过度使用"问题，所以，有些准公共文化产品和服务在消费过程中具有一定的排他性，往往需要先付费才能使用，如有线电视频道、商业性文艺演出等。

3．文化发展的公共服务管理模式

从管理学的角度来看，一个社会的公共文化服务，除了包括公共文化产品或文化服务提供外，还应包含政府所提供的文化政策服务(包括文化相关法律、法规、政策等)和文化市场监管服务。也就是说，随着政府管理方式向治理的转变，社会治理结构由一元向多元发展，建立政府主导、公众参与、市场竞争、有机结合、多元共治的文化发展服务管理模式是公共文化服务体系的题中应有之义。如果政府提供的文化公共服务到位，社会的文化发展就会出现良好的生态，文化产业的发展也会得到极大的促进。一般来说，在具体操作层面上，文化发展的公共服务管理模式主要有以下四种。

(1) 国家计划模式

国家计划模式，即文化的生产和分配由各级政府及主管部门以行政指令和计划进行调节控制的管理方式。其主要特点是国家举办、政府全面控制。如我国从20世纪50年代初期开始建立了一个包括文化艺术行业、广播电视电影行业、新闻出版行业和文物博物馆行业在内的国家文化生产与分配体系。中央政府借助于高度组织化的"单位制度"实现了对社会文化资源的组织和功能整合。这种模式的主要优点是可以确保国家文化安全，并能在较短的时间内迅速发展壮大文化事业，缺点是文化某种程度上成为政治的附庸，公共投入率较低，难以有效满足人们的精神文化需求，社会整体文化福利水平不高，供需脱节，文化的经济功能受到压制。

(2) 政府主导模式

政府主导模式，即政府发挥文化建设的主导作用，以自身的行政权力和法律、经济等手段，引导和协调市场主体在国家法律法规允许范围内，沿着特定方向提供文化产品和服务。这种模式从中央到地方政府均设有文化行政管理部门，地方隶属于中央，中央部门规定文化发展框架，制定整体发展目标。韩国、新加坡主要实行这种模式。

在韩国，2013年初在政府工作中将文化提升至极为重要的地位。为了实现"文化隆盛"的执政纲领，政府成立了由总统本人直接领导的咨询委员会——韩国文化隆盛委员会，指出全新文化政策模式将向"国民与地方主导的自下而上式和亲民型"转变。为推进"生活中的文化传播"，韩国以村落为单位组建民间活动机构，推动地区文化交流活动的体系化进程；组织各文化领域退休人员以地区为单位组建志愿者团队，成为地区文化交流的核心力量；将每月的最后一个周三指定为"文化日"，博物馆、美术馆面向观众免费开放，举办小型演出并实行夜间开放，公演票和电影票推出折扣活动。

(3) 市场调节模式

市场调节模式，即文化建设主要由社会主导，依靠市场力量和非营利性社会机构来组织实施，政府不直接参与，主要靠法律手段和宏观经济政策来影响文化产品和文化服务的提供。

这种模式以美国最为典型。例如纽约市文化局把自己的业务定位为代表和服务于全市 2000 个非营利文化部门或团体,它的日常工作就是为这些部门或团体提供包括资金、信息、物质等方面的服务。营利性文化实体如报刊、图书出版、广播、电视以及大部分表演艺术团体,原则上与私人企业无异,美国没有专门的行政部门对其加以管理,政府只是制定相应的法规对其市场行为进行监督。

(4) 复合模式

复合模式,是一种包括集权、分权和放权等多种管理形式的文化发展保障机制,它的特点是国家对文化发展的管理既有宏观的调控,又有微观的干预,既直接举办又鼓励社会参与,既有中央政府责任又有地方政府责任。

法国是这一模式的典型代表。法国中央政府管辖或监理的国家级文化机构特别多,和地方政府所设立的文化机构形成分庭抗礼之势。因此,法国政府管理的文化机构是公共文化产品与服务供给的主力军,私有文化机构和社会团体作为供给主体是必要的补充。政府在公共文化设施开放、文艺创作资助、表演艺术的扶持、电影资助等方面都推行积极的文化政策,通过契约计划的合作方式,大大增强公共文化产品和文化服务的供给能力和渠道,活跃和丰富民众的文化生活。

(二) 文化产业管理的商业属性

在经济全球化的今天,文化产业的商业属性和商业模式作为文化产业创造价值的核心逻辑,其重要作用已经得到社会各界的高度重视。

1. 作为商品的文化产品

(1) 进入日常生活的文化产品

20 世纪 60—70 年代,后福特主义生产方式将消费社会推演到一个新的阶段。弗雷德里克·杰姆逊敏锐地感受到了这些变化,并且这样描述它们:"一种新型的社会开始出现于第二次世界大战后的某个时期:新的消费类型;时尚和风格的急速变化;广告、电视和媒体以迄今为止无与伦比的方式对社会展开全面的渗透;城市与农村、中央与地方的旧有的紧张关系被市郊和普遍的标准化取代。"杰姆逊认为,当今世界一方面经济资本对于文化领域的渗透与日俱增,另一方面文化的

"光环"正在褪去，逐渐经济化，所有的文化艺术都贴上了商业的标签。他还指出，后现代主义的文化是包罗万象的，文化元素已经和工业生产紧密联系在一起，如电影产业的出现、大批量复制的录音录像带等等。由于广告、影像文化等美学领域到处充斥着资本和资本的逻辑，因而文化艺术的商品化形式无处不在。这一切都表明后现代主义的文化已经与市场联系在一起。商品化进入文化领域意味着艺术作品正在成为商品，甚至理论也成了商品。当商品生产与人们的日常文化交往、消费联系在一起时，商品已经不再是单纯的经济学意义上的商品。

(2) 文化产品的多重消费需求

一般而言，物质需求的满足主要表现为注重商品的使用价值和实用性，精神需求的消费更多地注重满足情感需求和自我表现。随着物质需求的逐渐饱和，交换价值或炫耀价值越来越扩展或放大，促成消费者运用商品的符号意义去表达社会角色认同，以及表达消费者的自我形象。消费者也会借由具有符号、文化象征意义的文化产品建立自我形象，表现自我风格。20世纪90年代，英国学者迈克•费瑟斯通区分了关于消费文化的三种研究视角。第一种视角认为消费文化以资本主义商品生产的扩张为前提预设。资本主义商品生产的扩张，引起了消费商品、为购买及消费而设的场所等物质文化的大量积累。其结果便是当代西方社会中闲暇及消费活动的显著增长。第二种视角是更为严格的社会学观点。这种观点认为，社会消费中普遍存在"零和博弈"现象，故而人们往往通过对社会差距的表现和维持，来实现自己消费商品时的满足并取得某种社会地位。与此相关，消费文化中人们消费商品时的满足程度，同样取决于他们获取商品的社会性结构途径。其中的核心便是，人们为了建立社会联系或社会区别，会以不同的方式去消费商品。而且为了强调生活方式对社会地位差异的区分，商品的象征属性也会被人们利用和重新调整。第三种视角关心的是消费时的情感快乐及梦想、欲望等问题。在消费文化影像中，以及在独特的、直接产生广泛的身体刺激与审美快感的消费场所中，情感快乐与梦想、欲望都是大受欢迎的。

(3) "体验经济"时代的文化产品消费

进入21世纪，美国学者约瑟夫•派恩和詹姆斯•吉尔摩提出，人类社会在经历了农业经济、工业经济和服务经济社会三个阶段后，于 20 世纪 90 年代进入了"体验经济"时代。企业以服务为舞台，以商品为道具，以消费者为中心，创造能够使消费者参与、值得消费者回忆的活动。在消费者参与的过程中，记忆长久地留住了对过程的体验。如果体验美好，非我莫属，不可复制和不可转让，那么消费者就愿意为体验付费。从迪士尼售卖"快乐"和"梦想"来看，体验经济注重消费与生产的合一，生产者以消费者的体验与情感作为价值创造的主要依据，设计各种文化产品使其购买体验消费带来的愉悦。

2. 作为资本的文化产品

(1) 文化资本

文化是一种资本形式。文化与知识作为资本要素投入，通过与其他生产要素的有机配制，将提高产业投入要素的边际效用，从而带来效益的递增。20 世纪 70 年代，法国社会学家布迪厄借用政治经济学术语"资本"，揭示了文化作为一种稀缺财富或资源的实质。

在布迪厄的分析中，文化资本以三种不同的状态存在。首先，文化资本指一套培育而成的倾向。这种倾向被个体通过社会化而加以内化，并构成了欣赏与理解的框架。他认为文化商品与物质商品的区别在于：一个人可以仅仅通过理解其意义就挪用或者消费文化商品。这一点对于音乐、艺术品、科学公式以及流行文化作品同样适用。这样，文化资本以一种身体化的状态存在，即欣赏解读文化产品的一种能力。其次，文化资本以一种客观化的状态存在着，即当文化资本转变为图片、书籍、戏剧、影视之类的物品的时候，文化资本就以这种客观化的方式而存在。文化资本通过不断满足文化消费市场的多层次、多样性的需求，使文化产品成为具有社会价值和经济价值的特殊商品。文化产品直接进入市场后，现代市场经济思想、市场经济运营方式、现代文化生产方式等，使传统精神生产方式、体制等发生突破和改革，以实现文化资源向文化资本的转变。最后，文化资本以一种机构化的形式存在着，在此，布迪厄指的是教育文凭制度。

(2) 文化资源向文化资本的转化

文化产业具备资源产业的特征，它既可以满足人们的需要，又可以实现价值的增长，最重要的是能够创造新的需求。文化资源经过创意、加工，被制作成文化商品，成为人们生活中的消费对象，完成资源的服务—增长—修复—再服务的循环链，而消费则会带来相应的经济效益和利润。欧洲许多国家如英国、法国、意大利、德国、丹麦等，都注重运用丰富的历史文化资源来发展文化产业。

第一，传统文化资源的转化——文化之都格拉斯哥。

英国通过挖掘传统文化资源，打造了文化之都格拉斯哥。格拉斯哥作为苏格兰的贸易和重工业基地，历史上曾经为大英帝国的发展做出了巨大的贡献，从20世纪90年代末开始逐步向文化、艺术之城转变。对于处于转型期的格拉斯哥来说，如何充分发掘它的传统历史文化资源，吸引更多的外来投资，从而从根本上改变城市的形象，成为一项现实的迫切的任务。格拉斯哥希望通过文化引导的旧城改造，更新提升城市形象，通过举办文化活动以带动大型文化设施的建设，进而促进旅游业发展和刺激经济增长，使其成为更加吸引人们来居住、工作和游乐的地方。它将一个有着悠久历史但已废弃掉的毛毯厂厂房改造成商业住宅，包装苏格兰会议展览中心，将原有的城市废弃电车轨道和拱门改造成新的表演和视觉艺术场所，举办了很多跟草根阶层相关的艺术活动，如短期展览、社区艺术项目、合唱节、民间音乐舞蹈节、竞赛活动等。"欧洲文化之都"的称号使格拉斯哥公共形象得到了明显改善，也极大地提升了文化在市民心目中的地位。如今，格拉斯哥成功地重建了城市的形象，拥有英国诸多著名的艺术馆和美术馆及知名的艺术团体，如皇家苏格兰国家管弦乐团、苏格兰歌剧团、苏格兰芭蕾舞团和BBC苏格兰交响乐团等。这些提升城市形象的重要新元素，将格拉斯哥推介给了全世界。

第二，用商业模式对文化资源进行现代化阐释——迪士尼。

并非所有的文化资源都能够转化为文化资本，只有进入现实的公共文化生活和文化生产之中，文化资源才具有转化为文化资本的可能性和现实性。具有商业属性的文化产品必然要按照一定的商业模式运作才能获得市场价值。所谓商业模式，是企业为了获取利润进行的各种相关活动的整体性设计与描述，旨在说明企业如何对战略方向、运营结构和经济逻辑等方面一系列具有内部关联性的变量进行定位和整合，以便在特定的市场上建立竞争优势。在经济全球化背景下，在快速变化的商业环境中，依靠引入商业模式来保持文化产业生存和发展的活力是极其重要的。尽管商业模式是一种简化的商业逻辑，人们仍然可以通过其中一些主要的元素来描述这种逻辑，以了解文化产业商业模式的构成。

美国的迪士尼公司就打造出了这样的文化产业商业模式。它将传统的文化资源进行现代阐释后，制作出了符合现代观众口味的文化产品。如来源于阿拉伯民间故事集《一千零一夜》的《阿拉丁》、取材于莎士比亚名作《哈姆雷特》的《狮子王》和根据中国的传说改编的《花木兰》等。当其影视作品在大众文化消费中产生重要的影响后，它又将这些产品中的文化符号与物质产品结合起来，用一个触点带动全产业链的发展，生产出服装、文具、玩具、家居用品、食品等，建造了大型的主题公园，形成了文化产业与商品制造、文化服务相互融合的产业链。迪士尼公司是深谙衍生品系统运作之道的典型，一直强调动画电影衍生品的前瞻规划，在筹备电影时同步规划衍生品。以《超能陆战队》为例，"大白"的角色设计用时超过 1200 天。在设计过程中，"大白"曾拥有多个表情，还有一张可爱的小嘴。但随着动画制作不断推进，设计人员勾掉了大白的嘴，让它用眨眼、闭眼和肢体动作表达情绪。这种设计不仅贴合"大白"呆萌无害、温暖贴心的形象，还因为简单而有了更高的辨识度，适合网络传播，是理想的动漫衍生品原型。

在商业运作方面，迪士尼也是"行家里手"。在全球大规模的广告和促销攻势的配合下，迪士尼一般分五轮实现最大盈利：第一轮是票房收入；第二轮是发行录像带、DVD 收入；第三轮是迪士尼主题公园的推广收入；第四轮是特许经营和品牌专卖收入；最后一轮是通过电视媒体获取收入。据统计，在迪士尼的全部收入中，电影发行加上后续的电影和电视收入只占其 30%，主题公园占 20%，其余的 50%则全部来自品牌销售。

（三）文化产业管理的意识形态属性

由于文化产品主要反映的是人们的精神智慧、思想观念，用以满足人们的精神需求，事关一个社会或民族文化整体水平和文化凝聚力的提升，因而以文化产品为核心的文化产业势必负载意识形态的特殊使命。

1. 文化产业的意识形态功能

马克思曾经指出："一个阶级是社会上占统治地位的物质力量,同时也是社会上占统治地位的精神力量。支配着物质生产资料的阶级,同时也支配着精神生产的资料。"因此,作为精神生产成果的文化产品中,必然包含着一定阶级的价值观念和道德准则,从而自觉或不自觉地担负了宣传教育和协调精神一致的功能,这就是文化产业的意识形态属性。

文化产业的意识形态属性往往通过以下两个途径体现出来。

(1) 作为意识形态传播工具和实现渠道的文化产业

文化产业的生产和服务是以内容为核心的,而生产和服务所提供的内容都具有特定的价值选择。这种选择使得文化产品不可避免地成了文化产业生产者和服务提供者的意识形态的传播工具。与此同时,对于文化产品和服务的消费以及由文化消费所体现出来的消费文化的演变,也会反映一定历史时期或社会发展阶段意识形态的变化。因为文化消费及消费文化的演变不仅仅是人们爱好、兴趣、审美以及购物习惯的改变,而且还是消费者对时间、空间、社会、个人、家庭和国家等概念在认识和理解上的转变。所以文化产业在这里充当了意识形态的传播工具和实现渠道。事实上,文化产业形态的任何一个新的发展,在为人们提供一种新的认识世界的工具的同时,也为人们提供了一种改变世界的手段。

(2) 作为意识形态管理和建设对象的文化产业

由文化产业构成的世界不但创造文化商品,也会被文化商品创造,所以文化产业的演变也就意味着社会意识形态的演变。掌握文化产业演变的主导权,也就掌握了关于社会意识形态演变的主导权。在广电、新闻出版领域,由于其在整个社会意识形态的演变过程中具有与大众沟通的直接性,因此,广电业和出版业自然地处于整个文化产业的核心部位。各国对广电业和出版业市场准入的控制和审查制度的建立,也就自然地成为现代政府文化管理的重要内容和制度形态。由于文化产业在文化生产与传播中具有其他产业经济形态所不具有的意识形态功能,并且文化的多元性使得意识形态领域存在着较强的复杂性和竞争性,所以文化产业本身已经成为意识形态，这正是不少国家把文化产业作为意识形态来建设与管理的重要原因。在这里，哈贝马斯关于"作为'意识形态'的科学技术"的理论是可以作为分析工具来说明这一问题的。也就是说，关于文化产业的理解以及对待文化产业的态度本身是充满着意识形态性的。

2. 文化产品中的意识形态承载

在许多文化研究学者那里，大众文化产品的意识形态性，不仅是一种商业文化与政治强权文化蓄意已久的"合谋"的产物，同时也是一种商业文化与大众文化不约而同的"合谋"产物。大众文化产品的文化策略往往反映了大众在文化观念上的变化，而大众文化选择的变化通常也由大众文化产品的文化宣扬所引领，双方之间形成了一种文化的互动交流状态。

(1) 广告中的意识形态传播

当代广告正上演着这样一场意识形态化的戏剧：始则产生出观点、知识、信仰、立场，次则借助媒体帝国之手，对不设防的受众进行天长日久的渗透和包围，最终将某种隶属于特殊群体的世界观和价值选择普泛化。广告作为大众文化意识形态传播的主要渠道，借由大众传媒和商业逻辑赋予的特权，对人们社会生活的各个方面产生着深刻的影响，改变了人们的生活方式和价值观念。杰姆逊揭示了这个本质："我们现在已经没有旧式的意识形态，只有商品消费，而商品消费同时就是自身的意识形态。现在出现的是一系列行为、实践，而不是一套信仰，也许旧式的意识形态正是信仰。"

人们对于符号消费的信息很大程度上来自广告的鼓动宣传。商业、广告业及大众媒体的合谋共同操纵着符号的生产制作。广告在产品与意义之间的这种任意的联结，充分展现出广告的意识形态功能，即通过勾画幸福图景的幻象。从价值观念、思维方式、背景知识和心理结构等方面来实现对受众主体的构建。如2007年德芙巧克力推出的橱窗篇广告中，一位身着休闲黑色礼服的女孩，梳着栗色俏皮的短发，在一家装潢高档的时装橱窗前，凝视着橱窗内一顶纯白精美的帽子，透过橱窗的反射，不停地在"试戴"这项小礼帽，随后她来到一家珠宝店的橱窗前，用憧憬的眼神看着陈列着的闪烁的钻石项链，侧身比划着姿势"试戴"着项链。最后女主人公露出满意的微笑，从手提包中拿出一块德芙巧克力，轻轻咬下一块，伴随着法语香颂的背景音乐，在干净白色的街景、欧式路灯的背景前，品尝巧克力的同时，精致细腻的巧克力色缎带环绕于沉迷于口中美味的主人公，"此刻尽享丝滑"的广告语出现。黑色小礼服、钻石、欧洲、法语……这一系列频频在大众媒体上作为"小资"符号的注解而出现的元素堆砌起了一个时尚、唯美的意象空间，没有任何语言劝服——这正是意识形态广告的特点。女主人公在橱窗的"镜像"中实现了对高档时装、饰品的占有，这是鲜明的为德芙"造梦"的象征，是对高档奢侈品消费的一场"教化"。

(2) 美剧中的意识形态传播

美剧是美国资产阶级传播其意识形态的工具，是美国资产阶级意识形态的载体。人道主义、个人主义、自由、平等、民主等意识形态总是在美剧的影像中自然而然地流露出来，并且由于它在主流意识形态诉求、受众对文化的心理需求和创作者的影像表达之间建立起了良好的互动关系，所以其意识形态的隐秘性较强。如《绿箭侠》、《24小时》、《行尸走肉》等美剧，一直不遗余力地塑造拯救国家、世界和人类的个人英雄形象，宣扬个人英雄主义。即使是对于有缺陷的普通人，美剧也通过角色设定，试图传递给观众这样的价值观：人人都有追求自由和理想的权利，都可以在生活或工作中收获成功。如《识骨寻踪》中患有情感障碍的布斯，《豪斯医生》中性格乖戾、人格不完整的豪斯，《犯罪心理》中母亲患有精神病、父亲酗酒、童年凄凉的雷德等。获艾美奖的《国土安全》也逃不出这个套路，女主角凯莉自身患有精神病，需要借助药物控制病情。但他们并没有向不公的命运缴械投降，而是以反权威、反束缚、反传统的方式去实现自我解放。在面对人生的不公或自身弱点的时候，他们身上流露出的都是美国人心中有关自由、平等、民主，有关忠诚、勇敢、坚强等的核心价值观。

3. 新媒体环境下文化产业的意识形态管理

(1) 以新媒介为载体的现代意识形态传播

随着互联网的发展，智能手机、平板电脑和移动电视等新媒介终端的出现，为大众提供了场景化、移动化的互动性表达空间和平台，以及娱乐与信息查询等服务。新媒介的出现颠覆了传统的传播机制，打破了传播者与接受者之间的界限，使信息传播同时具有双向传递的特性，为传播者与接受者提供了一个开放性双向沟通平台。新媒介有效地帮助大众实现了诉求表达，大众不再是文化产品单向度的接受者，而成为文化产品的积极生产者。同时，新媒体的触角已经延伸到社会生活的各个领域，和人们的生活融为一体，成为现实生活不可或缺的组成部分。而大众对新媒介也产生了一定程度的精神依赖关系，形成了一种独特的以新媒介为载体的现代受众意识形态。

新媒介不仅为不同的意识形态扩展自身影响提供了场域，也为不同意识形态展开竞争提供了便利和可能。新媒介的虚拟性、互动性、快捷性和开放性，使意识形态的传播方式、存在形式、作用方式及其斗争形式已与过去时代有了很大区别。这就打破了因时间和空间的差异而造成的传播障碍，也解构了由等级、社会观念等差异所带来的传播壁垒，使得蕴含社会主义意识形态的文化产品，在更短的时间内能够得以渗透到更广的范围。它们为社会主义意识形态的传播带来了革命性的变革，强化了社会主义意识形态的时效性和影响力。

(2) 社交网络的崛起对传统意识形态管理的挑战

截至 2016 年 6 月，中国网民 6.68 亿，互联网普及率为 48.8%，手机网民 5.94 亿，手机上网的网民比例为 88.9%。人民网《2016 年互联网舆情分析报告》指出：2016 年中国的大众传媒舆论场上，报纸、杂志、电视等传统媒体的议程设置能力进一步下降，微博、微信等成为很多中国人了解新闻时事的第一信息源，成为社会舆论的新引擎。特别是微信，让上网浏览和表达的门槛降低，使更多的社会阶层上网，网民结构日益向中国总人口的结构还原，推动网络话语权趋于均等化；与此同时，网民部落化，网络社群有所发展，网络舆论渐趋分层呈现。随着互联网相关法律法规逐步完备，2015 年政府对网络舆论场的治理发生了转变：从对敏感词的字符管理，转向对网上行为的规则管理；从对个体网民治理转向网络平台治理，特别是对门户网站和微信、微博等日益崛起的自媒体平台的治理。在网络舆论场中，层出不穷的突发事件将凝聚舆论焦点，情绪化的宣泄会压倒公共话题的持续理性讨论。在此背景下，我们需要警惕因社交媒体消解科学文化理性而导致的人心浮躁，这也对传统意识形态管理提出了挑战。

(3) 新语境下的文化产业意识形态管理

能否根据变化了的客观现实适时调整意识形态的内容和形式，不断与时俱进，将对我国意识形态安全产生重大影响。在文字文化占统治地位的时代，意识形态主要依靠印刷技术进行传播，维系自身安全。在文化产业快速发展的当代，视觉文化的影响力远胜文字文化的作用。意识形态借助影视媒体和互联网等传播的感性形象，以更高的效率在更广的范围渗透至世界每一个角落。也就是说，意识形态借助文化产业获得了崭新的传播途径，也因此改变了自身的存在形式。在传播的主要路径发生变化时，我们对意识形态的展开方式就应做出重新思考。文字化的传播方式让理论意识形态获得了统治地位，而在充满视觉形象的影视媒体等文化产业大规模扩展的新形势下，就需要与时俱进，根据时代变迁，重视通过广为市场接受的影视媒体和互联网传播意识形态，改变多从文化事业角度掌控意识形态安全的做法，更好地维护国家意识形态安全。

五、文化产业管理的任务

文化产业是综合性的产业，文化产业管理在文化产业发展过程中所应承担的任务主要有如下几方面。

(一) 科学确定文化产业的产业发展目标

根据国家经济发展的要求和世界文化产业发展的状况制定产业发展目标。文化产业的发展离不开相关产业的支持，国民经济的发展水平是制定文化产业目标的依据。我国文化产业的发展还刚起步，因此，在确定文化产业发展目标时，应认真参照国际文化产业的发展信息，结合我国实际情况，制定科学的产业发展目标，争取使我国文化产业早日达到国际水平。根据产业发展目标制定并组织实施产业发展计划，贯彻执行有关的法令与方针政策，保证文化产业获得良好的社会效益与经济效益。

（二）促进文化活动健康发展，提高人民生活质量

健康的文化活动是高质量的休闲生活，有益于人的身心健康。政府部门应通过制定政策，进行宣传教育，大力提倡和发展文化活动，提高人民生活质量，促进社会文明与进步。主管部门要对文化产业的行业活动和文化企业的生产经营活动进行规范，发展健康的文化产品和服务，防止文化产业活动中的不良倾向，控制文化产业污染。

（三）提高文化企业经营管理水平，增加企业效益

文化企业为文化产业活动提供必需的服务，是文化产业活动中的重要一环，搞好文化企业管理是文化产业管理的主要任务之一。获得较好的经营效益是文化产业发展的物质基础，文化企业有良好的经济效益才有能力进一步改善服务，使企业步入良性发展循环，成为国家文化产业收益的主要来源。

提高文化企业管理水平要从两个方面入手：一是文化产业主管部门加强对企业的引导监督与服务，从宏观管理的角度促进企业管理的现代化；二是企业本身应加快改革步伐，建立现代企业制度，认真学习世界先进管理理论与方法，结合中国及企业的实际情况，建立科学的企业管理体制和方法，提高管理水平。

（四）完善文化产业宏观管理体制，组织相关产业部门的工作

由于历史的原因，我国的文化企业属于不同的产业部门，使文化产业管理体制处于条块分割状态。在现有的管理体制下，国民经济相关产业部门之间及文化产业部门内部的分工与协作都存在一定的问题，妨碍了横向经济协作及综合性文化产业的发展。因此，改革与完善文化产业宏观管理体制是我国文化产业管理应该发挥的一项重要作用。

文化产业宏观管理者在制定文化产业发展计划时，要充分考虑与其他产业的协调与均衡，要理顺文化产业部门内部的各种关系，搞好部门内部的分工与协作。协调好各种关系，才能发挥各方面发展文化产业的积极性。

第二节 我国文化产业管理现状

一、当前我国文化产业管理模式

从我国文化产业的产生和发展历程可以看出，我们国家的文化产业已经初具规模，但目前与发达国家还有相当大的差距。究其原因，除我国文化产业发展起步较晚外，一个很重要的原因就是我国文化产业管理模式对文化产业发展的制约。

长期以来，我国一直实行计划经济体制。计划经济是一种政府统治的经济，经济运行的方向和过程由政府主导，政府既是经济活动的组织者，也是经济实体的所有者。这种情况反映在文化管理体制上，则是高度集权的中央管理模式。

中央集权的文化管理模式是一种依靠行政指令实施管理的体制。其特征主要包括以下四个方面。

1) 从中央到地方，形成了一个庞大而严密的封闭式文化行政管理网络，由部长级的各个文化职能部门统管全国的文化工作，采用"条""块"结合的领导形式，即同级地方政府统管人事、财政，上级业务部门指导业务。

2) 一切行政权力(包括人权、财权)均集中在各级文化机关，依靠行政手段进行调节，从文化发展的整体规划，到各个文化单位的任务、资金及业务指标，均由上级部门框定，人事安排由上级任命，甚至连上演剧目、采用电影剧本、确定出版选题也要经有关部门审定，文化单位没有自主权。

3) 强调文化是上层建筑、意识形态. 接受政党领导，为政治服务。因此，对文化的发展有种种政策性的制约。

4) 文化经费基本上由国家统包，亏损也由国家补贴，文化单位缺乏经营机制和独立核算的能力。

应当承认，高度集中的文化管理在特定的历史时期曾对我国的文化发展起过积极的推动作用。但在实施高度集中的文化管理的过程中，其内在的弊端也暴露无遗。弊端主要是：挫伤了广大文化工作者的积极性，抹杀了不同类型文化单位的不同运行特点，并且违背了精神产品生产多样性的基本规律。因文化管理不适应文化创作而产生的矛盾在我国社会主义市场经济体制转轨的过程中变得尤为尖锐。

20 世纪 80 年代，我国已逐步对高度集中的文化管理模式进行改革，相继采取的改革措施主要包括：扩大基层文化单位的自主权；文化经营和文艺演出逐步面向市场；部分文化单位进行了人事制度改革；国家对文化事业单位的财政拨款方式也产生了变化，根据不同情况分别采取了全额拨款、差额拨款和专项资助等形式。这些改革的基本思路对适当放权和引进市场机制，都在一定时期和一定范围内收到了良好的效果。但从总体上说，改革仍在计划体制的框架中进行，高度集中的管理模式没有根本性的改变，与社会主义市场经济条件下的文化建设所要求的文化管理模式还有相当距离。

二、当前我国文化产业管理存在的问题

(一) 文化产业管理体制不健全

政府对文化产业竞争力的影响，是通过法律法规和政府的公共政策来影响文化产业生产要素的配置形态、关键要素的组合效率、同行业竞争的形态和强度、文化产业的需求条件等，从而间接地对文化产业的竞争力产生影响。与发达国家相比，我国文化产业法律法规还很不健全，还没有形成一套系统的文化产业法律法规体系。相比之下，发达国家文化产业的各门类都已经形成一套成熟、完善的管理和法律体系。例如，美国的传媒产业已经形成了从联邦通信委员会对各类文化组织的一整套完善的管理体系，以及包括宪法、宪法第一条修正案、联邦电信法、《尼尔与明尼苏达法案》、《纽约时报与沙利文法案》、《纽约时报与美国法案》等一系列完备的法律体系，政府主要通过法律手段进行管理。

文化产业管理体制包括我国对文化产业实施管理的一系列规章制度以及相关组织结构等。目前，我国的文化产业管理体制还不够健全，导致管理职能发挥不

佳。这主要表现在三个方面。

一是行政职权分割，管理交叉重叠。由于我国特殊的国情，政府对文化体制的改革并不彻底，尤其是对文化产业的管理职能、权责等的划分存在重叠区域，造成各政府职能部门对文化产业运作干预较多，政府职能交叉、多头管理、监管的缺位与越位等诸多问题严重。

二是政府职能部门对文化产业建设缺乏积极性。我国在改革开放以后，形成了以经济建设为中心的基本国策，各级政府部门的工作主要围绕着经济发展展开，评价政府部门的绩效也以经济效益为主要标准，而文化产业的经济效益一直不怎么显著，所以，各级政府就忽视了文化产业的发展，对促进其发展明显缺乏热情。

三是政府职能部门缺乏面向市场管理文化产业的经验。纵观我国的文化发展历史，可以看出，从中华人民共和国成立后到 20 世纪 90 年代初，我国文化的总体发展思路是：文化的发展必须服从于政治需求，各文化机构只是各级政府的附属物，文化产业目标任务、人员编制、活动经费、人事任免等方面均由上级行政部门负责，在实践中，把经营型文化机构与事业型文化机构等同对待等。这些特点，造成了文化管理部门缺乏面向市场管理文化产业的意识与经验。

长期以来，由于文化产业多头管理、政出多门，导致我国文化产业管理法规不统一，文化部、新闻出版署和国家广电总局三个部门各管一摊，这种局面不利于形成全面系统的文化产业政策体系。2013 年，我国加快了文化系统体制改革的步伐。2013 年 3 月 14 日，全国人大十二届一次全体会议，通过决议批准国务院组建"国家新闻出版广电总局"，促进新闻出版广播影视业繁荣发展，不再保留国家广播电影电视总局、国家新闻出版总署。"国家新闻出版广电总局"的主要职责是，统筹规划新闻出版广播电影电视事业产业发展，监督管理新闻出版广播影视机构和业务以及出版物、广播影视节目的内容和质量，负责著作权管理等。

(二) 文化产业竞争机制不完备

从国际文化产业成功的经验看，文化企业的民间化及在此基础上建立的现代企业制度是其关键所在。政府一般不直接介入文化企业的市场运作，它对文化产业发展所起的作用主要是宏观调控和经济支持，依靠税率差别对不同文化企业进行调节并对文化企业进行监督和管理。而长期以来，我国对文化的管理是按照行政事业的模式进行，实行统包统管，只计投入、不计产出，忽视了它的产业性质。政府文化管理部门还没有完全从办文化的管理模式中脱离出来，如广播影视、新闻出版、文化娱乐等部门，这些部门既是政府的管理部门，又是产业经营主体；既有接受国家行政拨款的事业性质，又有投资生产创收的企业功能。这种文化企业市场主体地位不明确、形态不分、事业产业不分的状况，既与现代市场经济的规律不符合，也不利于建立强大的文化产业。

政府应是推动文化产业提升竞争力，而不是自己去办文化产业。我国文化市场还存在过多的行政干预。从某种意义上说，我国文化企业的集团化建设并不是真正意义上的市场行为，而是政府主导的产物。因此，许多文化企业徒有集团形式，管理上却还沿用以往的行政管理模式，与现代企业制度尚有相当的距离。政府干预使得一些企业在市场竞争中取得先机，而另一些企业因为没有政府扶持而处于不利的竞争地位。我国文化单位还存在着中央和地方的差别，不同级别的文化单位之间也存在着不平等竞争。此外，文化市场的条块分割严重，文化企业特别是传媒企业不是在全国统一的市场中开展竞争，而是被局限在特定的区域和层次内。这种不充分竞争的市场很难使文化资源和生产要素得到优化配置，从而影响文化产业竞争力的提高。

目前，随着体制上的一些松动，业外资本要进入文化产业已无太高的政策壁垒，一些业外资本也进入了文化市场，并逐渐出现了一些比较有活力的企业，如华谊兄弟、华策影视等，但就我国文化企业的整体来说，市场竞争力还是比较差。另外，文化企业国际市场竞争力也弱。我国的文化企业，除极少数具有一定的国际市场竞争力外，绝大多数受制于地域性、行政性等因素，在资金、人才和市场运作等方面水平很低，不具备国际市场竞争能力。

(三) 市场化运行机制不完善

文化市场体系不完善，市场配置资源的能力较弱，市场主体不明确、不规范，没有形成多元化的投融资体制，引入外资的政策也不明确，政府的文化产业政策不配套、不具体、不完善。作为文化产业市场主体的企业，具体问题表现为以下几个方面。

1. 文化产业融资渠道有限，融资效率不高

任何一种产业的发展都离不开资金的支持，文化产业与传统实体产业的发展一样，都需要融资。由于文化产业的经济效益长期以来低于传统产业，各级政府职能部门把文化工作仅作为其施政的附属物，并不将其作为纯粹的产业进行发展，这样，政府作为最主要的投资主体在我国文化产业的发展中就占据了主导地位，而这也抑制了民间资金进入文化产业。同时，由于政府的资金毕竟有限，所以，文化产业从政府渠道融到的资金并不多。而同时，许多文化企业规模小，没有过多的实物资产作抵押，这就使其难以获得银行信贷等资金。再者，我国金融市场发育也不成熟，像发达国家那样有着繁多而有效形式的融资状态短期也根本不可能达到。所有这些都是造成我国文化产业的发展存在着严重的融资难问题的原因。

2. 文化产业经营机构多，但集约化程度低

第一，文化产业的生产与需求矛盾突出，总量规模偏小，社会化、产业化程度低，还不能较好地满足人民群众日益增长的精神文化需求；市场链条还不完整，产业各领域关联度低；文化经营单位众多而集约化程度却比较低；传统资源配置机制与市场化要求之间存在尖锐矛盾，组织化、规模化程度低，缺乏真正有竞争力、规模化、集约化、高水平的大型文化企业；缺乏特色鲜明、效益良好的大型文化项目；文化资源没有得到充分有效的利用。

第二，文化产业和相关产业的企业，比较缺乏国际竞争与合作的经验，不太熟悉国际经贸规则。

第三，经营管理水平相对较低，技术发展和创新能力不足，技术手段和管理手段落后；科技投入、产品的科技含量严重不足，大大降低了文化企业自身的影响力，削弱了文化产品的市场竞争力，同时也使大众的高层次文化消费热情受到抑制。

第四，发展缺乏要素支撑体系，融资的渠道、手段和方法不多；缺乏健全的投融资体系，人才结构不合理等问题突出；文化投资体制滞后，社会投融资体系尚未形成，文化产业大规模扩张的资本条件难以具备；人才机制相对滞后，一些单位、行业通过垄断经营获取超额利润，缺乏自我约束与积累机制，为供养大批冗员提供了条件，也制约了文化生产的发展。

3. 文化产业从业者素质不高，人才结构不合理

中国文化产业的发展，需要一大批既懂经济运作又懂文化的高素质经营者。整体而言，文化产业的人才管理制度具有以下特点：高素质人才普遍缺乏；人才培养计划不完善；激励机制不健全；人才流动性强。从另一个方面看，许多文化产业团体的文化人往往不擅长产业经营，缺乏资本运作能力和经验，这就造成一些经营者不讲文化品位，单纯追求文化商品利润；而文化修养较高的文化人却不善于或无能力实现文化的产业运作。

4. 文化产业的资源配置机制混乱

近年来，我国虽然加快了文化产业的体制改革，切断了许多文化产业组织与政府的依附关系，但是，资源配置机制混乱、条块分割和行业壁垒阻碍了文化产业的发展。表现为：在文化管理上，政府与文化经营单位之间的责、权、利尚未理清，经营者难以成为真正的市场主体或法人主体，政府过多地直接管理文化；在文化建设投资方面，实行文化产业经费统包制，文化产业的行政化与非产业化，造成中国文化产业运行机制的低效率；在文化事业与文化产业运作上，采取非法制化的人为方式，行政管理者对文化产业不仅缺乏必要的规划意识，而且文化产业的管理缺乏法律依据。

第三节　我国文化产业的管理层次

文化产业管理既包括政府部门对市场、产业的宏观管理，也包括文化企业的微观管理行为。因此，文化产业管理涵盖了从宏观到微观的不同层次。不同层次

文化产业管理具有特定的管理主体、管理对象、管理范围，从而形成了不同文化产业管理的基本原理、方法。通常，可以将文化产业管理分为宏观、微观、中观三个不同层次。

一、文化产业的宏观管理

文化产业的宏观管理是指对文化产业总量经济的管理与调控。所谓总量，就是产业经济运行的总体情况，而不是指产业中某个行业、某个企业或某个局部区域的经济问题。例如，宏观管理的主要目标是文化产业的经济增加值、文化产业对经济总体增长的贡献度、文化产业的就业率、固定资产总投资额度等总量指标。

文化产业宏观管理的主要管理主体是政府管理部门等行政组织。宏观管理的主要手段是通过政府制定相关产业政策以实现对产业的调控目标。文化产业宏观管理包括以下基本内容。

一是对文化产业发展进行宏观的经济统计与监测。统计部门和文化部门应定期在每个经济年度对文化产业的相关经济指标进行统计调查，并汇总形成文化产业的统计调查报告和公告。在统计信息的基础上，对文化产业发展的总体情况进行历史对比和现状分析，对文化产业发展进行评估和预测。

二是对文化产业总体的规划与布局。在统计分析基础上，对文化产业未来的远景战略目标、发展规模、增长速度、行业结构、产业布局、重大项目等进行合理预估和科学规划。

三是制定与完善文化产业的相关经济政策和配套措施。根据产业规划要求，制定和完善文化产业相关的配套措施和政策体系，包括文化准入、文化投融资、文化产业税收、文化对外贸易、文化科技、文化人才等各方面的政策。政府各级部门同时通过产业行政组织体系贯彻落实相关政策，对政策实施的效果进行实时评价和修正。

二、文化产业的微观管理

文化产业的微观管理，是指文化产业中微观主体的经营与管理问题，这些主体包括文化企业、文化非营利机构和中介组织等。

（一）文化企业管理

文化企业是文化市场中的细胞，是文化产业最重要的经营主体。文化企业管理虽然具有一般企业管理的规律，即企业经营管理的计划、组织、领导和控制过程，但是由于文化产业是智力与创意密集型产业，文化企业自身在企业战略、产业上下游合作关系、产品生产研发、组织结构、人力资源与团队建设、文化营销、财务管理等方面都具有十分显著的独特性。

（二）文化非营利机构

文化非营利机构，是指不以营利为目的的文化组织，具有社会公益性质，如美术馆、博物馆、图书馆、文化行业协会组织等。这些文化非营利机构虽然不以营利为目的，但是它们通过市场提供文化产品和服务，并满足社会公众的文化需求，这些产品和服务同样也可以为这些非营利文化机构带来经营收入。这些组织在文化产业中发挥着一定的功能，完善和补充市场和企业所不能完成的作用，对文化产业的正常和健康运转起到促进作用。例如，大部分美术馆虽然属于非营利性质，但是一方面可以为画廊和艺术家提供展览场所，为艺术产品提供营销和推广渠道；另一方面这些美术馆发挥自身在艺术教育方面的优势，从而长期培育艺术消费群体和艺术消费习惯，对艺术品市场和艺术品经营具有重要作用，是产业经营中不可或缺的一环。

再如，文化产业的行业协会是政府、企业和市场之间的一种中介组织，对本行业产品和服务质量、竞争手段、经营作风进行严格监督，维护行业信誉，鼓励公平竞争，打击违法、违规行为，制定并执行行规行约和各类标准，协调本行业企业之间的经营行为。

（三）文化产业的项目管理

文化产业中大量产品和服务的生产和提供是以项目的形式开展的，这是文化产业的一大特点。例如，影视剧、音乐表演、戏剧、会展活动项目、游戏开发等，每个产品都是一个特殊的项目，具有不可复制性。因此，文化产业中项目管理具有十分重要的地位。

同时，由于文化产品和服务不同于一般的工程、制造和科技产品研发项目，其产品和服务的形式是以特定的精神内容的创造、生产、传播和销售为特点，参与项目的人有艺术家、管理者、投资者等各种不同的角色，因此造成了文化项目更大的信息不对称性和风险性，对管理沟通协同、风险控制、进度控制、成本控制等都提出了更高的要求。除了需要采取一般的项目管理方法与工具之外，还要有相应的配套商业机制。

三、文化产业的中观管理

文化产业的中观管理是介于微观和宏观的中间层次，分为两个方面的管理：一是对局部区域的文化产业发展的区域经济管理；二是对文化产业中某个具体的行业进行管理。

(一) 区域文化产业管理

区域文化产业管理是对某一行政区域或者局部地理空间范围的文化产业发展在产业结构、产业规模、产业布局、发展速度、就业水平等方面的区域经济管理问题。区域文化产业管理的主要内容如下。

1. 区域文化产业的总体规划和布局

局部的区域范围是个十分含糊的概念，所以可以有不同的空间层次。通常区域是具有相关地理联系，以土地和经济联系为特征的地理空间划分。例如，南北差异形成的地理区域，黄河中下游地区、长三角区域经济等。

对于文化产业来说，通常还可以从文化地理关系来进一步划分，如吴文化区域、徽派文化、齐鲁文化等。由于文化产业总是在一定的空间中形成、布局和发展，与文化产业相关的各类文化资源也会呈现一定的地理分布特征，如文化遗产和文化旅游资源通常按照一定的区域地理文化特征分布；文化人才、文化科技和文化信息资源通常都会向大城市集聚，形成地理集聚分布现象。在区域文化产业管理中的主体依然是政府部门，所以区域的划分会带有较强的行政区域划分色彩，以一省一市的区域空间进行产业规划与布局。因此，区域文化产业管理通常是按照行政的层级，形成自上而下的区域产业管理层级关系，在这一系统中，各个层级之间的目标体系、政策体系形成了相互联系、相互支持的系统。

在区域的规划与布局中经常还会涉及两个地理层次的问题。一是城市为集聚空间的城市文化产业发展问题。由于上述文化相关资源向城市集聚的趋势，形成了以城市为中心的文化产业。在城市文化产业发展中，文化产业不但成为城市经济结构中重要的组成部分，而且由于文化产品中精神内容的意识形态特性，城市文化产业发展进而影响到城市文化设施、文化消费、文化形象、公民文化素养、文化艺术事业等各个方面，对城市的经济、文化与社会的总体发展起到重要的作用。二是文化产业园区的规划建设问题。文化产业园区是在区域文化产业集聚发展的一种模式和产业形态，是在区域文化产业中观管理层次中一个更具体的局部空间产业规划、布局和建设管理问题。文化产业园区已经成为区域和城市文化产业管理中重要的子系统，很多具体的产业政策、措施都是围绕园区的建设加以细化，并以产业园区为平台，形成局部的产业集聚态势，以带动整体的城市和区域文化产业发展。

此外，在区域地理空间中的文化产业管理，离不开产业经济发展的本质特性——区域集群化发展。文化产业集群是指集中于一定地理区域内，文化产业各个行业的众多具有分工合作关系和不同规模等级的文化企业，以及与其发展有关的各种机构、组织等行为主体紧密联系在一起的空间积聚体，代表着介于市场和等级制之间的一种新的空间经济组织形式。区域文化产业集群发展的战略、政策与措施，也是区域文化产业管理的重要内容。

2. 制定和完善区域文化产业的政策

区域文化产业管理涉及城市、园区等十分具体的区域空间产业管理，包括区域文化公共设施建设、区域文化资源开发、区域化文化人才培养、区域文化科技发展等。所以，作为中观层次的区域文化产业管理的政策与措施体系，与宏观层次不同，体现出更具体和可操作性的特点。例如，在区域文化产业的规划与布局中，要明确人才引进的各项住房、科研补贴，引进企业的税收优惠幅度与具体的政策和措施。

3. 区域文化产业的重大项目管理

在区域文化产业发展中，需要通过具体的重大项目投资以及重要平台建设，来实现资源集聚和龙头带动作用。这些重大项目通常是区域文化产业发展规划长期目标得以实现的关键。而且，这些重大项目和重大公共平台基础设施的规划与建设，具有高投资、高风险的特征，具有长期的战略意义，需要通过政府来推动，并通过相关政策给予扶持。例如，为了加快推进区域文化产业的结构调整和优化，需要推动新兴文化产业发展，尤其是与互联网相关的新兴文化业态，需要政府从战略层面推动互联网相关重大公共技术平台建设、文化科技孵化平台建设、文化产权交易平台建设等方面的重大项目建设。

4. 区域文化资源的保护与开发

区域文化资源是区域文化产业发展的基本条件。区域文化资源包括各项历史文化资源、文化科技资源、文化人力资源、文化版权资源、文化基础设施资源等。对于区域文化资源的管理包括区域文化公共设施资源的规划和布局，区域历史文化资源的保护、利用与开发，区域文化人力资源的培育和扶持，区域文化版权资源的保护与开发，区域文化科技创新资源的培育与引进等。

区域文化资源管理的相关措施与政策，决定了区域文化资源的布局和资源配置状况，并最终影响到区域文化产业的竞争力水平。区域文化资源的管理是区域文化产业管理的重要内容，在提到区域文化资源时，通常会犯的错误是将其等同于区域的历史文化资源或者文化遗产资源，这混同了资源的概念。区域文化资源不仅仅是指对区域现存的历史文化资源的保护与利用问题，还涉及所有文化产业发展所投入的相关文化资源，对这些历史文化资源的保护与利用，以及对相关文化创新资源的配置、引进与培育是关键。

(二) 文化产业的行业管理

文化产业中包含很多行业，包括从传统的表演业、书画业、出版业、会展业，到近现代的影视产业、游戏产业、网络文化服务业等。文化产业的不同行业所生产、供应的文化产品和服务的性质不同，会形成不同行业之间较大的差异性。因此，除了在宏观上需要制定一些所有文化行业共同的政策和规定之外，还需要针对每个行业的不同特点、不同发展水平和发展阶段，制定相应的政策与措施。例如，音乐表演类产业和书画艺术品市场的差异较大，前者涉及剧团、剧场的经营管理和文艺院团的体制改革问题，后者则涉及画廊、拍卖行、美术馆、展览馆、艺术品交易市场的规范管理问题。二者在产品形态、产业形态方面都存在较大差异，需要针对性地制定不同的管理政策。

为了对文化产业进行管理，各国政府有的设置了相应的行业管理部门，有的则主要通过行业协会和有关法律来规范行业行为。美国联邦政府中的 15 个内阁级部门，没有一个部门负责文化产业发展的监管，"无为"和"零管制"是美国政府特别是联邦政府的执政原则。"无为"并不代表美国政府对文化产业发展完全无所作为，放任不管。相反，政府在为文化产业发展提供一个自由竞争环境的同时，提供了各种软硬件支持。在美国联邦政府的支持下，一些重要的行业协会或非政府组织在争取行业利益、提供相关服务、规范行业行为、促进从业人员自律等方面发挥作用。在中国，则是由文化部、国家新闻出版广电总局对文化产业进行相应的行业管理。

第四章 文化产业项目管理问题研究

文化产业的很多产品和投资活动是以项目方式进行的。项目管理成为文化企业重要的管理活动,也是文化产业人才必须掌握的基本技能。文化项目管理具有一般项目管理基本的规范,需要进行进度、成本、质量、项目团队的管理。同时,文化项目管理由于精神内容的研发、生产、销售的特点,也存在一定的特殊性。

第一节 文化产业项目管理的内涵

一、文化产业项目管理的定义

文化产业的项目管理包括三部分:一是政府文化行政主管部门的行业管理;二是公益性文化项目的管理;三是营利性文化项目的管理(文化企业的项目管理)。这三者具有不同的项目管理目标。

对于政府文化行政主管部门的行业管理来说,这是依据国家的有关法律、法规,依法行政,履行社会责任的行为。例如,文化部门对网吧开设的前置审批,对境外演员入境演出的审批。其目标是社会性的管理,具有强制性、权威性。

对于公益性文化项目的管理来说,它是对所有由政府或民间机构、慈善机构所拨款项,按照节约、合理的原则进行专款专用,完成既定任务的过程。例如,为某基金会建设一座专题美术馆,或者为某一次大型运动会排练一场开幕式晚会。

对于营利性文化项目的管理(文化企业的项目管理)来说,它是合理运用获准的投资,按照商业计划书的规定,进行具体的运作和控制,以确保项目或产品按时保质地完成,为最终实现利润提供使用价值载体。例如,某唱片公司为一新人推出首张个人专辑,从宣传造势到歌曲选配,乃至 MTV 中个人形象的设计等,全都服从于同一目标，就是尽可能多地增加销量。只要法律没有明文禁止的，企业都要尽可能将政策用足、用活。

各方面的管理共同构成文化产业管理的完整体系。从大的方面看，社会上所有的文化项目都是政府文化产业管理的对象，因而政府的项目管理可以说是对项目管理的管理；而公益性文化项目和营利性文化项目的管理都是为了完成某一项具体文化活动展开的实施过程，是对各种资源和生产要素的调配和控制，是对人、财、物的综合管理。

二、文化产业项目管理的特点

现代文化产业项目管理也有规划、实施、控制等过程，但同时又具有与以往项目及其他行业项目显著不同的特点。

(一) 项目策划的艺术性和技术性

一般而言，文化项目的策划从项目发起就开始了，在国外，很多艺术类项目的发起是艺术总监负责制，他们同时负责项目的具体策划。对于综合性的文化活动，如演出、展览等大型活动，其策划人员和项目的发起人可能不同，但一般要求项目发起人要具备一定的项目策划能力。相对于其他行业项目，其技术性多半包含在设计中，文化项目的技术性就体现在策划中。例如，一名奥运会开幕式的总负责人(国外称为总制片人)应该懂得与策划内容相关的技术支持，如现有的影像设备水平、物流管理技术等。在策划项目的同时，就要考虑到市场结合点，做到艺术和市场的结合。

(二) 项目发起的复杂性与综合性

精神内容生产包括内容的创新和从创新到产品化生产的两个过程。前一个是对项目产品中所包含的精神内容的创作、策划与组合；后者是将相应的精神内容要素固化到相应的物质载体中去，成为产品形态。例如，电影需要导演、演员、编剧等创意人才的劳动。这些通常称为线上部分。而电影创意要转化为电影产品，必须通过电影的摄像、道具、场务、化妆、后期制作等多个部门协同完成。这些生产部门通常称为线下部分。通过法律、金融和保险等环节的合作，获得项目的资金，通过发行环节进行电影营销。电影还会产生大量的知识产权，如哈利·波特、迪士尼等，可以通过形象许可和版权经营，形成玩具、图书、文具等。

一个文化产品项目要实现纯精神产品到准精神产品的价值转化，是一个复杂的过程。不但要对项目运行过程中资金、成本、进度和风险进行管理，同时还要建立起完善的内容信息管理、版权管理与开发系统。一个项目要想获得成功，不但要在相应的领域具有较高的艺术水准，而且需要考虑到目标受众的需求、赞助企业的需求、国家的法规政策及导向，以及本企业的优劣势等。它不像建筑项目、工业制造项目，需求明显，较易识别，一个文化活动项目的项目目标确定可能要经过几个回合才能最终确定下来，需要经过一定的调研，经过各个利益相关方的目标整合才可以明确。特别在我国，文化需求的增长在与日俱增，瞬息万变，而又缺乏市场运作经验的积累，相关的数据和统计信息比较匮乏，项目发起的难度就相应增加。同时在文化活动走向市场化运作的同时，需要考虑更多的市场因素，比起别的行业产品来说，对产品的独特性要求更高。这就要求项目策划和审批的决策者具有综合的素质。

(三) 项目实施结果的不可修改性和风险性

一般文化项目一经确定，一旦举办或者发行，其结果就具有不可修改性。例如一个展览、一台演出，即使不是现场直播，可是对于直接现场的观众来说，其结果具有不可修改性。特别是有的大型活动不可能有预演，不像 IT 项目中软件开发，可以一次一次地模拟运行检验，所以其风险性比较大，一个疏忽可能就会造成不可弥补的损失。同时，文化项目往往是投资大、风险高，存在较多的不确定因素。因此，对于文化活动项目而言，其策划和控制尤为重要，它作为项目一次性的特征更为明显。要求项目经理和成员一方面具备较强的创新能力，另一方面要具有较好的市场预测和风险控制能力。

（四）文化产品的原创性和知识性对项目管理提出了更高的要求

文化项目所开发与生产的是以精神内容要素为核心的文化产品，其投入资源，除了资金和实物资本之外，更重要的是大量的创意、版权和人力资本等无形的要素。例如"超级女声"，关键在于一个好的创意和商业模式，能够将各种资源有效地组合起来。每一件文化产品都具有不可重复性、不可替代性和不可再生性。文化项目的生产必须具有相当大的创新度。精神内容要素的雷同无法吸引消费者的兴趣，也不能在市场中立足。应当说，其他产业的生产也具有原创性，但是没有一个像文化产业这样是依赖原创而生存的。

文化产业的知识性在于向社会提供各类知识产品和知识服务，满足人们对文化消费资料的需要。文化产业是创意产业、内容产业，文化人才是文化产业的主体，创意是文化产业的灵魂。原创性和知识性决定了文化产业的核心竞争力在于人才。因此，文化产业项目管理对创意型、技术密集型团队的人力资源管理、沟通管理等工作都提出了非常高的要求。

（五）文化产品的双重属性决定了项目有严格的政府审批程序

文化产品具有意识形态和商品的双重属性，因而存在社会效益与经济利益两个方面的目标，项目管理必须将两者结合起来。因此，文化项目都有严格的审批程序，不但其立项、活动名称、场所、渠道等需要审批，甚至具体的内容都要进行有关的审批或备案。以引进境外影视剧为例，《境外电视节目引进、播出管理规定》(国家广播电影电视总局令第 42 号)规定："省级广播电视行政部门受广电总局委托，负责本辖区内境外影视剧引进的初审工作和其他境外电视节目引进的审批和播出监管工作。"审查标准：境外电视节目中不得载有以下内容：

1) 反对中国宪法确定的基本原则的；

2) 危害中国国家统一、主权和领土完整的；

3) 泄露中国国家秘密、危害中国国家安全或者损害中国荣誉和利益的；

4) 煽动中国民族仇恨、民族歧视，破坏中国民族团结，或者侵害中国民族风俗、习惯的；

5) 宣扬邪教、迷信的；

6) 扰乱中国社会秩序，破坏中国社会稳定的；

7) 宣扬淫秽、赌博、暴力或者教唆犯罪的；

8) 侮辱或者诽谤他人，侵害他人合法权益的；

9) 危害中国社会公德或者中国民族优秀文化传统的；

10) 其他违反中国法律、法规、规章规定的内容。

另外，有些项目还需要交通、消防、公安、环卫等部门的协助。在涉外项目中，其审批程序更为严格。

三、文化产业项目质量管理

(一) 文化产业项目质量管理的内涵及重要性

文化产业项目中的质量管理，是一种新的质量管理理论，它要求依托一定的质量文化。质量文化是指项目负责方在项目实施过程中所形成的质量精神、质量意识、质量价值观、质量行为和质量现象等"软件"和所提供项目或服务等"硬件"的总和。

随着市场经济的不断完善，质量观念和行为已从对项目"合格"与"不合格"的评价转变为满足用户的需求、提供满意的项目和主动服务的观念。所以，质量管理是文化产业项目中极为重要的管理环节。

项目质量管理起源于 20 世纪后半期，是项目管理与质量管理交叉的一门学科，是项目管理的灵魂。项目的质量管理主要是为了确保项目按照设计者规定的要求圆满地完成，它包括使整个项目的所有功能活动能够按照原有的目标和质量要求得以实施。质量管理主要是依赖质量计划、质量保证、质量控制和质量改进所形成的质量保证系统来实现的。

文化产业质量控制工作要在了解项目具体执行情况的过程中，对项目或项目阶段的工作质量和项目产出物质量进行管理与控制。质量控制主要是监督项目的实施结果，将项目的结果与事先制定的质量标准进行比较，找出其中存在的差距，并分析形成这一差距的原因。质量控制同样贯穿于项目实施的全过程。想要学会质量管理，首先要充分了解它的重要组成条件——文化产业项目质量控制。

所谓质量控制，是指对客户对于文化产业项目实际交付成果满意程度的控制和管理。从根本上来说，是为了保质保量地提供能满足客户需求的项目成果而在项目的计划、协调、控制等领域进行的质量监督和管理工作。

一个文化产业项目成功与否，主要看项目或项目产品的质量是否符合要求，一个质量达不到客户要求的项目，必然是失败的项目。因此，文化产业项目质量控制对于文化产业项目而言具有举足轻重的意义，更凝聚了所有项目利益关系人的共同努力。

项目的质量控制不仅包括了对项目最终输出物的质量控制，同时也包含了对项目实施过程各个环节的质量控制，以及专门针对保障和提高项目质量而进行的管理。它的内容包括：监控特定的项目工作绩效，判定它们是否符合有关的项目质量标准，排除造成项目绩效或质量令人不满的根源等。

(二)　文化产业项目质量管理的依据

一是文化产业项目质量计划，这是在文化产业项目质量计划编制过程中形成的项目质量计划文件。

二是文化产业项目质量工作说明，这也是在文化产业项目质量计划编制中形成的对项目质量工作的说明性文件。

三是文化产业项目质量控制标准与要求，即根据文化产业项目质量计划和项目质量工作说明，是通过分析和设计而形成的文化产业项目质量控制的具体标准。项目质量控制标准、项目质量目标和项目质量计划指标是不同的概念：项目质量目标和计划给出的是对项目质量的最终要求，而项目质量控制标准则是根据这些最终要求所设定的控制依据和控制参数。通常，这些项目质量控制参数要比项目目标和依据更为精确、严格和可操作。

四是文化产业项目质量实际绩效，它包括项目实施过程的中间质量结果和最终质量结果，同时还包括项目工作本身的质量。文化产业项目实际质量绩效信息也是文化产业项目质量控制的重要依据。因为有了这类信息，人们才可能将项目质量的实际情况与项目的质量要求、控制标准进行对照，发现项目质量中存在的问题，从而采取项目质量纠偏措施，使项目质量保持在受控状态。

（三）文化产业项目质量管理的方法

文化产业项目的质量的方法主要有以下几点。

1. 质量检验法

质量检验法即那些用于保证项目工作结果与质量要求相一致的测量、检验和测试等质量控制方法。项目质量检验方法可在项目的任何阶段、针对项目的各个方面工作加以使用。对任何一个文化产业项目而言，在必需的检验及必要的检验文件未完成，项目阶段成果未获得认可、接受或批准之前，一般不应该开展后续工作。文化产业项目质量检验要求严格记录每次检验结果，由合格人员进行评定并决定是否接受。

2. 核检清单法

首先开列出一份用于检查项目各项活动、各个流程和各个活动步骤所需检查和核对的任务清单与科目，然后对照这一清单，按照规定的核检事件和核检频率去检查项目的实施情况；对照清单中给出的项目工作质量标准要求，检查是否需要采取纠偏措施、是否出现了系统误差，确定项目质量是否失控等；最终给出相应的项目质量核查结果和解决措施。这是文化产业项目质量控制的一种独特的结构化质量控制方法。

3. 统计样本法

统计样本法在企业的一般运营质量管理中使用较为广泛。由于文化产业项目的独特性、一次性等特性，这种方法只在产品数量较大的项目中使用。这种方法是选择一定数量的项目产品作为样本，通过检验样本质量而得到统计数据，然后据此推断项目总体质量情况的好坏，以获得项目的质量信息，开展项目的质量控制。

4. 控制图法

即使用关于质量控制界限、实施过程和实际结果的图示描述，确认项目过程是否已经处于受控状态。项目质量控制图法建立在统计质量管理方法的基础之上，它利用有效的数据设定控制的界限。这种方法主要用于文化产业项目的质量控制。

5. 帕累托图法

该方法又被称为排列图法，它是一种表明"关键的少数和次要的多数"关系的统计图表，也是质量控制中经常使用的一种方法。

6. 趋势分析法

这种质量控制方法所进行的预测都是基于项目前期历史数据做出的，是使用各种预测分析技术来预测文化产业项目质量未来发展趋势和结果的一种质量控制方法。

7. 流程图法

它在文化产业项目质量管理中是一种非常有用和经常使用的质量控制方法，是由文化产业项目的过程性所决定的。这种方法主要用于分析项目质量控制过程中项目质量问题发生在项目流程的哪个环节以及造成这些质量问题的原因何在等。

因为项目是不可重复的一次性工作，所以在质量管理的过程中一定要慎重对待、正确选择方法。否则不仅会造成各种责任纠纷，还可能出现由于项目某个中间环节存在质量问题而使整个项目最终结果全部报废的严重后果。故而，管理者必须把握好质量控制、质量计划、质量保证及质量改进这几个关键点。

文化产业项目质量管理所追求的结果是质量的改进，通过文化产业项目质量管理与控制而提高文化产业项目质量，对文化产业项目的质量管理最为重要。

在现阶段，质量管理具有鲜明的时代性，它必然反映时代的风貌，体现时代的要求，并与时代的发展保持同步。随着科学技术的发展和人类文明水平的提高，人们对事物的认识水平、对事物的评价和道德水准要求也会发生相应的变化，整个人类的价值观也将相应地改变。因此，文化产业项目质量管理的内涵，也必将随着时代的发展而向着更高的水平发展。

第二节　文化产业项目的运营组织与团队管理

实践证明，团队有着巨大的潜力，越来越多的组织发现，相比其他工作方式，以团队为基础的工作模式取得了巨大的成绩。文化产业要追求组织的持续成长，要追求绩效的持续提高，就必须进行科学高效的运营组织和团队管理。

一、文化产业项目的人力资源

文化产业项目拥有三大资源，即物质资源、人力资源和财力资源，而财力资源和物质资源的利用是通过与人力资源的结合来实现的。只有通过合理地组织劳动力，不断协调劳动力之间、劳动力与劳动资料、劳动对象之间的关系，才能充分利用现有的生产资料和劳动力资源，使它们在生产经营过程中最大限度地发挥作用，形成最优化配置，从而保证生产经营活动有条不紊地进行。

在知识经济时代，人力资源管理已经成为管理学的一个重要分支，在现代企业管理活动中的地位越来越重要。文化产业项目要实现利润的最大化，就必须有效地开发人力资源。人才是科技的载体，是先进科技的运用者和传播者，是科技的发明创造者。人才是一种无法估量的资本，一种能给企业带来巨大效益的资本，人才作为资源加以开发是经济发展的必然。因此，在文化产业项目管理中，人力资源的管理就变得尤为重要了。

在人力资源管理的过程中，管理者首先要改变人才观念：不能简单地把人看作一种技术要素，而应该把人看作具有内在建设性的潜力因素，看作生存发展的特殊资源；不再把人置于严格的控制和监督之下，而是为他们创造或提供各种条件，使他们的自身劳动潜力和主观能动性能够得到充分发挥；以人为本，以人为中心，更加重视人力资源的开发和人力资源的投入；依靠人才智力因素的变革和创新，进行团队管理与组织运营，有计划地开发人才资源，实现人事管理向人力资源管理的转变。

文化产业项目人力资源管理指据项目目标和项目需求，采用科学的方法对项目人力资源进行合理的选拔、规划、培训、配置、考核和激励，充分发挥人力资源的潜能，从而保证项目目标实现的管理过程，其根本目的在于充分发挥人力资源的主观能动性，以实现既定的项目目标和提高项目效益。由于文化产业项目工作是以团队方式进行的，但项目团队又是一个临时性组织，因此与一般的组织人力资源管理相比，文化产业项目的人力资源管理更加强调项目团队的整体建设，项目团队成员管理的灵活性更强。具体而言，其内容包括以下四个方面。

第一，文化产业项目团队成员的任务和职责分配。文化产业项目的特殊性决定了项目成员的工作角色往往具有多重性，这就要求项目成员能够迅速转换角色，适应不同岗位的工作要求。项目经理要根据项目任务需要和每个成员的特长、技能、专业等特点，进行全局考虑和协调，人尽其才地安排好每个团队成员的角色和任务。

第二，文化产业项目人力资源需求计划。这是指按照项目目标进行分析和预测后给出的项目人力资源在数量上和质量上的明确要求、具体安排和打算，确定何时、在何种范围、如何增加或减少项目团队成员的人数以及项目团队人员应具备的文化创造力、专业素质、文化底蕴和技能要求等。文化产业项目人力资源需求计划还要综合考虑项目执行组织的任务关系、结构特点和人员来源等制约性因素。

第三，文化产业项目人力资源的招募与配备。在项目工作分析和岗位需求分析的基础上，明确项目团队人力资源在何时、以何种方式加入项目小组，并根据所获人力资源的素质、技能、知识、经验等进行工作安排和配备，从而完成一个项目团队的构建的过程。项目人力资源的获得与配备过程与其他组织的人员获得与配备不同，这是由项目团队的一次性和临时性特征所决定的。项目团队中的有些人员可能在项目计划阶段就明确下来了，而有些人员则需要经过招聘或谈判才能从项目母体组织的内部或外部获得,特别是一些特殊、稀缺的人力资源,其获得与配备过程更为复杂。

第四,文化产业项目人力资源的考核、培训与开发。文化产业项目人力资源的发展包括项目团队成员个体贡献能力的提高以及项目团队整体绩效的提高。

为了及时获得项目执行情况的反馈信息,要以项目绩效管理和奖惩体系作为依据,定期或不定期地对项目团队与项目人员工作绩效进行考核,这样才能为项目团队建设和项目人力资源培训提供重要依据。项目人力资源的考核、培训与开发成果表现为项目团队成员个人技能的改善和提高,项目团队行为和绩效的提高,以及最终对文化产业项目工作起到的巨大促进作用。

科学的人力资源管理有利于促进生产经营的顺利进行,有利于调动企业员工的积极性,提高劳动生产率,减少劳动耗费,提高经济效益并使企业的资产保值增值,建立和加强企业的文化建设。由于人力资源管理在文化产业项目管理中具有重要意义,因此在选择团队成员的过程中一定要慎重,选择时可以依据以下五种标准和基本要求。

第一,遵守职业道德和职业行为规范。文化产业项目团队成员必须具有正确的价值观、较强的进取心和开拓精神、良好的工作作风,遵守职业道德和职业行为规范,严格执行团队的办事程序、工作时间、工作方针等。

第二,具备文化产业项目管理相关领域的技能和知识。文化产业项目团队成员应该掌握各相关专业领域的知识、规章制度、标准以及一些基本的外语交流能力、组织能力等文化产业项目管理相关专业领域的技能与知识。

第三,理解文化产业项目的相关背景。文化产业项目的背景包括项目所处的经济、政治、文化和社会等国际国内环境,项目具体涉及人群和地区的经济、教育、宗教和习俗等。文化产业项目团队成员对所参与项目的背景理解得越透彻、越多,就越能有效、具体地进行项目管理和运作。

第四,掌握人际沟通技能。文化产业项目团队成员要具备在组织内外进行有效沟通交流的能力,具备与团队成员合作、协作的能力,具备与项目相关人员和组织进行协议、商讨的能力,具备项目谈判和冲突管理的能力,具备对人员和相关部门施加影响和取得支持的能力等。

第五，任务导向，尽职尽责。文化产业项目团队成员在工作中必须尽职尽责，以结果和任务为导向，积极主动地行使自己的职责，按照项目进度要求完成工作目标和任务，灵活适应多变的环境变化或环境要求。

人力资源管理是文化产业项目运营组织与团队管理的重要组成部分，只有求得有用人才、合理使用人才、科学管理人才、有效开发人才，才能促进组织目标的达成和个人价值的实现，才能促使文化产业项目的运营组织和团队管理有条不紊地进行，并同时符合我国"科教兴国"、"全面提高劳动者的素质"和"创新型社会"等方针政策。

在文化产业项目管理中，人力资源规划的意义具体体现为：改变劳动力队伍结构；提高竞争优势，如最大限度地削减经费、降低成本、创造最佳效益；通过人力资源供给和需求的科学分析，制订合理的人力资源规划有助于组织战略目标、任务和规划的制订和实施，有利于管理者进行科学有效的管理决策；适应并贯彻实施国家的有关法律和政策，如劳动法、职业教育法和社会保障条例等。

在文化产业发展的现阶段，人力资源管理已经成为对特殊的经济性和社会性资源的一种管理，也是管理学中一个崭新的和重要的领域，并远远超出了传统的人事管理范畴。有效的人力资源管理是各种社会和各个组织都需要的。正因如此，这种新型的、具有主动性的人员管理模式才越来越受到重视。

二、文化产业项目的团队组织

所谓团队，是由一群背景不同、技能不同、知识不同的人员所组成的，他们分别选自组织中的不同部门，组成团队后，他们共同为某一特殊的任务而工作。在遇到不常见的临时任务时，组织采用组成团队的方式。这是一种长期性的结构设计，团队以一项特定的任务为使命，团队的成员或许因任务的不同而不同，但团队的基础却可以保持不变。

文化产业项目的团队组织是由一组个体成员为实现一个具体文化产业项目目

标而组建的协同工作、共同从事项目全部或部分工作的组织或群体。为了有效地实现文化产业项目目标，在确定了项目组织结构的基础上，文化产业部门要调配一定的人员，配置一定的资源，并以特定的形式开展项目活动。

文化产业项目团队的组建与建设，以及文化产业项目人力资源的配备与管理，是文化产业项目组织规划与管理的重要内容。这是因为，文化产业项目活动是按照团队作业的方式开展工作的，文化产业项目团队是项目实施的主体，项目团队成员是具体执行和实施项目的关键。同时，文化产业项目团队又是一个临时性的组织，一旦项目完成或中止，使命就宣告完成或终止，项目团队随之即告解散。

文化产业项目团队在项目经理的直接领导下，共同努力、协调一致，科学高效地工作，这是文化产业项目团队的根本使命。一般意义上，文化产业项目团队是由专业技能或爱好兴趣等相一致的个体为了共同目标而自愿组合，并经组织批准授权的一个从事文化生产与活动的群体，比如剧组就是一种典型的项目团队。任何一部影视作品的开拍，都需要一名影视制片人根据策划方案，决定谁来编剧、谁来执导、剧中的角色分别由哪些演员出演，同时还要确定剧务、摄影、服装、场记和道具等专业人员来组成剧组。

有些项目团队是从一个组织的各个部门抽调相关人员，然后在特定时间内组成的；也有通过临时招募相应的专业人员组成的。当然，许多组织内部本身就已经拥有多个经过多次项目合作与磨合的专业项目团队。在组建团队时，必须在既定投资总额的基础上寻找最佳组合，用不着一味地追求特别优秀的人才。比如投资一部小成本电影，由于资金有限，不可能用大导演和太多大明星，这时就需要通过比较合理的人员组合来达到投入与产出效益的最大化。

（一）文化产业项目团队的特点

1. 团队性

文化产业项目是按照团队作业的模式开展工作的。团队性作业是一种完全不同于一般运营组织中的部门、机构的特殊作业模式，这种作业模式强调团队精神与团队合作，要求项目团队以共同的价值观和共识作为项目成功的精神保障。

2．目的性

由于文化产业项目团队的根本使命是完成特定的项目任务，实现某个特定项目的既定目标。因此，文化产业项目团队具有很强的目的性，它必须完成与既定目标有关的任务或使命，并以项目目标为导向，形成项目团队具体的工作内容和工作程序。

3．临时性

文化产业项目团队在完成特定的项目任务以后，其使命就宣告终结，项目团队即可解散。当项目出现中止的情况时，项目团队的使命也会中止，此时项目团队或解散，或暂停工作，如果中止的项目解冻或重新开始，项目团队也会重新开始开展工作。

4．灵活性和渐进性

文化产业项目团队的灵活性是指项目团队人员的构成、数量和具体人选等会随着项目的发展与变化而不断调整，具有一定的灵活性；渐进性是指文化产业项目从立项、实施到完成的过程中，项目团队的成员往往是分批次逐渐进入项目团队并开展工作的，而随着项目的开展，有些已经完成自己项目任务的团队成员又会分期退出项目团队。

（二）文化产业项目团队的组建流程

为了形成项目投入产出效益的最大化，文化产业项目团队的确定必须是在既定投资总额的基础上找出的一个最佳组合。文化产业项目团队的发展是一个动态的过程，项目团队发展过程中各阶段的特征也非常明显，其建设和发展也会经历团队形成、震荡、规范和执行五阶段。

1．初始形成

要形成一个团队组织，一定要有成员。入选的成员要精通职能业务，还要有较强的沟通能力与协调能力。然而，由于项目团队尚处于形成阶段，团队成员之间的角色与职责认识还不够清晰，每个成员也都存在适应新环境和新团队成员关系的问题，因此此时几乎没有可能进行实际的工作。在这一阶段，项目团队的成员彼此开始相互认识、相互熟悉。所以，团队在初始形成期最重要的工作就是协助成员间彼此认识、相互了解，并将组织的宗旨向成员说明。在这一阶段，项目经理要为整个团队明确方向、目标和任务，为每个团队成员确定职责和角色，并创建良好的团队合作氛围。

2．达成共识

这一阶段，组织成员的共识意识还相对薄弱。项目团队成员在着手执行分配给自己的项目任务并逐步推进工作的过程中，会出现各种各样的问题。即使有明确的目标，但在这个目标之下要实施什么样的行动、哪一个行动必须优先，组织成员间的看法也可能各不相同。一些成员发现项目团队成员之间的关系和自己期望的不同，一些成员发现在工作和人际关系中总会有不如意的事情发生，也有一些成员甚至不愿意接受项目管理人员的管理。如果不能很好地解决竞争性意见以及人际间的竞争与冲突，就会严重地影响工作效率和项目进程。因此，项目团队成员之间共识的达成非常重要。

这个阶段，项目团队成员在工作和人际关系方面都处于一种剧烈震荡的状态，项目经理必须及时有效地应对和解决出现的各种矛盾和问题，引导项目团队成员，规范成员的职责和行为，使每位项目成员都了解自己的职责并正确地处理与他人的关系。

3．正常运作

当团队组成且不同的意见也统一后，文化产业项目团队便进入正常发展的规范阶段。在这个阶段，项目成功与否的重要因素是成员间的密切合作和积极参与。项目团队成员之间、团队成员与项目经理之间的关系已经理顺，团队成员个人的期望得到调适，项目团队的凝聚力开始形成，团队成员逐步接受并熟悉工作环境，项目团队成员有了较强的归属感和集体感，团队文化逐步形成。因此，项目经理在这个阶段必须妥善运用职权，鼓励成员间彼此合作、共同参与，对优秀成员予以表扬，以进一步规范团队成员的行为，积极支持项目团队成员的各种建议和参与，使项目团队不断发展和进步。

4．项目执行

这个阶段，团队成员之间的关系更为融洽，团队成员的集体感和荣誉感更强，团队工作绩效更高，并且信心十足，努力为实现项目目标而做出贡献。因此，这个阶段也被称为项目团队不断取得成就的阶段。项目经理在这一阶段应集中精力管理好项目的预算，控制好项目的进度计划和各种变更，指导项目团队成员改进作业方法，以努力提高工作绩效和质量水平，带领项目团队为创造更大的辉煌而积极努力。

5．适时解散

一个团队组织不可能永远存在，在项目目标达成以后，自然就到了项目团队解散的时候。因此企业及团队的领导人思想上要有解散的准备。

(三) 文化产业项目的团队精神

项目团队组织在发展的同时，必须注意培养项目团队成员的团队精神。一个高效的项目团队必须要有自己的团队精神，团队成员需要相互忠诚和依赖，这样才能齐心协力地共同努力，为实现项目目标而开展团队作业。团队精神的培养分为六个方面。

1．共同目标

共同目标即每个项目团队成员对于要实现的项目目标都有清晰明确的理解，对项目结果以及由此带来的益处有共同的认识和期望，每位团队成员都清楚自己的项目角色和职责，在积极完成各自角色和任务的基础上都强烈地希望为实现共同的项目目标而付出自己的努力。

2．相互信任

相互信任即团队成员们之间的精诚合作、彼此信任和支持。高度的相互信任意味着每个团队成员都相信团队其他人的所思所为是为了整个集体的利益，是在为实现项目目标和完成团队使命而做出努力。互相信任与支持是高效团队的灵魂，但同时，成员之间也要承认彼此的差异，欢迎和鼓励不同的观点和方案。

3. 超强的凝聚力

超强的凝聚力是团队精神的最好体现，即项目团队成员遵循共同的行为准则，优先考虑团队利益，荣辱与共，分担成功和失败。这是一个高效的项目团队必备的精神。

4. 开放的交流与合作

项目团队成员之间必须做到开放、坦诚而及时的沟通，从而使每个团队成员都能成为彼此的力量源泉，能够相互提出和接受批评、反馈和建议。有了这种全面的交流与合作，团队就能形成一个高效、统一、灵活的整体。

5. 自我激励和约束

项目团队成员的自我约束和自我激励，可以使每一位团队成员都积极承担自己的责任、约束自己的行为，从而使整个团队统一思想、协调一致，最终统一行动；使团队成员可以互敬互爱，从而有效地实现整个项目团队的目标。

6. 关系平等和积极参与

项目团队成员在人际关系和工作上是平等的，在项目的相关事务上有一定的参与权。因而团队的组织者要努力促使成员以当事人或主人翁的身份积极参与各项工作，形成团队作业和团队精神。

一个具有良好团队精神的项目团队大多也是一个民主与分权并行的团队。团队的民主和分权机制，可以加强文化产业项目团队组织的建设和发展，从而达到产生绩效的主要目的。文化产业项目目标的实现，有赖于项目团队的出色表现。

(四) 影响团队绩效的其他因素

影响项目团队绩效的主要因素是团队精神，除此之外还有一些其他的重要因素，可以分为以下六种。

1．目标的明确度

文化产业项目经理和管理人员要清楚项目目标，同时还要向团队成员宣传项目的目标和计划，努力使项目团队的每位成员都清楚项目的整体目标。文化产业项目团队的项目经理、项目管理人员和全体团队成员是否都充分了解项目的各项目标、工作范围、质量标准、预算和进度计划等项目信息，是影响项目团队绩效的一个重要因素。

2．团队成员职责的清晰度

项目经理在项目开始时就应该让项目团队的每位成员明确自己的角色和职责、各自的角色联系和职责关系，这是影响项目团队绩效的重要因素。项目团队成员也应积极要求项目经理和管理人员界定和解决团队成员职责不清的地方和问题，使整个团队形成一个高效、和谐的整体。

3．项目经理的领导力

项目经理必须不时检查自己的领导工作和领导效果，不时征询项目团队成员对管理工作的意见，努力改进和做好项目团队的领导工作。项目经理是否能够充分运用职权和个人权力去影响团队成员的行为，从而带领和指挥项目团队为实现项目目标而奋斗，是创造项目团队绩效的根本因素之一。

4．团队成员之间的沟通

项目经理和管理人员必须有效地采用会议、面谈等多种形式的信息沟通手段，使项目团队成员及时了解项目的各种情况，保持项目团队与外界有效且畅通的沟通，并鼓励团队成员之间积极交流信息、努力合作。项目团队成员对项目工作中所发生的事情是否有充分的交流和足够的信息沟通，项目团队内部与外部之间的信息交流是否及时、有效，不仅会影响团队的绩效，而且会决定项目决策和项目的最终成败。

5．团队的约束力

项目经理和管理人员应制定基本的项目管理规章制度，要求项目团队严格执行规章制度，以加强团队的约束力，从而使项目团队的绩效不断提高。

6. 团队的激励力

文化产业项目团队必须有一个健全的激励机制，因此项目经理和管理人员必须积极采取各种激励措施、有针对性地对每个团队成员进行激励，并营造出有效的团队激励机制和环境。

事实上，团队组织是一个伟大的创造，它是文化产业管理的一个基础、一个平台，也是构建文化产业的一个基本出发点。科学的团队组织能够产生巨大的力量，这也是所谓的善假于物、取人之长、补己之短、互惠互利，使收益达到最大化。这就像迁徙的大雁，每年秋季，大雁由北向南以"人"字形长途迁行，飞行时"人"字形基本保持不变，但头雁却经常替换。因为头雁在前面开路，它的身体和展开的羽翼在冲破阻力时能使它左右两边形成真空，其他大雁在左右两边的真空区域飞行，自己无须再费太大的力气即可克服阻力。这样，成群的雁以"人"字形飞行，就比一只大雁单独飞行更省力，而且可以飞得更远。人们如果依靠团队组织，便会产生类似的效果。

三、文化产业项目经理

项目经理是为项目的成功策划与执行负总责的人，他是项目团队的领导者，其首要职责是在预算范围内按时有效地领导项目小组完成项目的全部工作内容，并使客户满意。因此，项目经理一定要在一系列的项目计划、组织和控制活动中做好领导工作，进而实现项目目标。

（一）文化产业项目经理的角色

1. 项目团队的领导，整个项目管理的核心

项目经理是项目管理工作的制定者和决策者，他要确定项目和各项目阶段的任务、范围和目标，规定各项工作的具体要求。一个项目经理应该对本行业的生产有基本的了解和认识，能够把握全局，以最好的方法实现资源的最佳配置，并对本行业的市场形势和竞争态势有深入的调查和研究。项目经理必须对自己所管理的团队进行正确的内部分工和目标考核，建立起科学、规范、合理的工作程序，

建立考核和激励制度，并能够及时掌握项目进展情况和团队信息，对出现的问题能够及时予以处理和解决。

文化产业项目经理作为整个团队的领导者，必须身先士卒，起好模范带头作用，其主要的领导职责有以下几点。

1) 带领项目团队成员执行项目工作；

2) 指导项目团队按照正确的方向和方法完成项目工作；

3) 授权下属根据指导完成任务，同时充分运用职权鼓励、引导成员为实现目标而努力。

2．项目的计划者和定位者

项目经理是项目的计划者，一个项目的各项活动和任务都是按照项目计划做出的安排来进行的。虽然每个文化产业项目团队都有自己的计划管理人员，但文化产业项目经理是项目计划最主要的制定者，即使由项目组其他管理人员做出一个项目计划，最终也还要经由项目经理的审查批准和最终决策，然后才能实施和执行。项目经理必须具有定位目标的能力，能够制定为达到预期成果所必须完成的各项指标的标准。目标有很多，但最核心的是质量目标、工期目标和投资目标。项目经理只有先定好一个准确、合理、科学的大方向，才能引导团队朝正确的目标迈进。

因此项目经理必须全面分析项目或项目环节所处的阶段及环境，并深入分析可能遇到的危机和困难，排除万难，朝着项目的目标前进。

3．项目的合作者和组织者

项目经理是整个项目实施过程中的重要合作者，要与项目团队中的所有成员以及相关的参与者合作。因为项目是一种团队作业，因而所有参与者都是以合作者的身份加入团队的。但项目经理又与其他合作者不同，他有着更为重要的角色和职责。文化产业项目经理要组织项目团队，设计项目团队结构，分配团队成员的工作任务，配备项目团队人员，组织和协调团队成员的工作，分派各种项目管理任务。因此，项目经理又是一名组织者。

4．项目的控制者和评价者

一个项目是一个具体的工程，为了控制项目的全局，必须有一个能够控制大局的项目经理。项目经理要根据项目的目标制定出项目各项工作的管理控制标准，组织项目管理人员对照标准度量项目的实际绩效，对照项目标准分析和确定项目实际工作中出现的各种偏差，并决定采取何种措施纠正已出现的各种偏差。只有这样，才能够保证项目不会混乱和崩溃。但同时，项目经理还必须能够客观评价一个项目的完成质量和工期进度、项目成本与预算的实际完成情况，及时判断各种偏差的性质及其对项目的影响，评价和判断项目实现过程中出现的各种问题，评价各种项目变更的责任。

5．项目利益的推动者和协调人

项目经理不仅要协调项目客户和项目业主之间的利益，还要协调项目客户或业主与项目团队之间的利益、与项目团队和其他利益相关者之间的各种利益关系，以确保项目各关系方融洽和谐，推动项目的顺利进行。项目经理同时还承担着项目利益推动者的角色，负责监督项目进展的各个方面，应对和处理各种问题和局面，以增加项目的总体利益。

(二) 文化产业项目经理的职责

文化产业项目经理的能力、权力和利益应是相互统一的。通常情况下，一个文化产业项目的目标要求越高，风险越大，技术和质量要求越高，复杂程度越高，项目经理相应的责任、权力和利益也就越大；同时，项目经理自身的领导水平和管理能力越强，项目管理经验越丰富，组织相应授予他的权力和利益也就会越大。

文化产业项目经理的责任主要分为下面五个方面。

1．制订科学合理的项目计划

项目经理要具备对项目进行准确定位、确立既定目标的能力，并对未来的项目实施过程进行规划，安排活动。项目经理要对整个项目进行统一管理，就必须制订出切实可行的计划，对整个项目的计划做到心中有数，这样才能保证各项工作有条不紊地进行。也就是说，项目经理对实施的项目必须具有统一计划的能力，能够提出项目目标和执行计划,通过分析比较最终确定最优项目实施方案和计划。

2. 及时做出项目决策

项目经理要根据项目的具体规模、性质、特点等,及时做出决策,给团队成员制定相关的奖励与惩处制度,变更与调整项目,安排计划,选择项目合作伙伴等。

3. 争取项目所需资源

项目经理要控制项目运行中的所有资源,管理项目资源并使其得到最有效的利用,对项目所需的每项资源的使用、管理都尽可能地做到科学、详细、合理。

4. 全方位地组织和协调项目

为了使整个项目达到既定的目标,使全体参加者合理、协调地分工、协作与组合,项目经理必须能够充分利用自己的组织能力对项目进行统一的组织,比如确定项目工作内容,确定组织目标,配置工作岗位及人员,设计组织结构,制定岗位职责标准和考核标准等。在项目实施过程中,项目经理要对各个环节进行统一的组织,处理在实施过程中发生的人与人、人与事、人与物的各种关系,使项目按既定的计划进行。文化产业项目经理要设计和选择合理的项目团队及其组织形式、组织结构,同时还要明确项目费用、进度、质量的具体责任人和控制者,使项目控制落到实处。

5. 有效地控制项目进度、质量和费用

项目经理要慎重进行项目成本估算和预算、项目风险评估,并对项目的实施过程、意见反馈进行同步跟踪,有效地控制项目的进度,实时监控费用和项目质量。

(三) 文化产业项目经理的权力

项目经理作为一个项目的领导者、资源调配者、谈判者、协调者和危机处理者,其在扮演这些重要的项目角色的同时,还必须拥有与之相对应的项目权力,获得相应的收益。文化产业项目经理的权力主要有三个:决策权、人力资源管理权、资源配置权。

1. 决策权

文化产业项目经理有权按照项目的总体目标要求，在保证实现项目总目标的前提下，进行项目的优化调整和指挥调度等重要的项目决策。

2. 人力资源管理权

文化产业项目经理有权对项目团队的组成人员进行聘任、选择和考核，有权对项目团队成员进行指挥与调配等管理。

3. 资源配置权

项目经理有权在预算允许的范围内决定和支配费用开支等资源配置，决定项目团队成员的计酬方式和奖惩制度等。

（四）文化产业项目经理的素质要求

正因为项目经理对文化项目的成功起着至关重要的作用，所以项目经理的能力和素质也必须不断得到培训和提高，只有这样才能为项目的顺利进行做好保障。

文化产业项目经理的素质要求包括：实事求是的态度、坚强的自信心、积极的创新精神、勇于承担责任、积极肯干和任劳任怨的作风。

项目经理的地位、角色和职责决定了他们必须具备很高的素质和技能；与此同时，项目经理还必须通过不断地总结经验、开拓创新、努力学习、大量实践，不断地修炼和提升自身的素质和能力。

一个项目经理应该具备以下四种基本条件：对本行业的生产有一定的了解和修养；对本行业的市场形势和竞争态势有深入的研究；能把握全局，以最经济的方法实现资源的最佳配置；具备较强的市场运作能力和管理能力，具备较强的团队管理、风险控制、市场营销能力和项目计划进程控制能力。

文化产业项目经理的技能大致分为三个方面。

(1) 概念性技能

具体来讲，就是要求一个项目经理必须具备分析问题、解决问题和灵活应变的能力。在遇到特殊或意外情况时，项目经理能够根据具体情况做出及时、正确的判断，提出正确、有效的解决方案和正确的决策，合理地协调和解决问题。

(2) 专业技术能力

项目经理必须具备处理项目所属专业领域技术问题的能力，在拥有运营管理能力和项目管理方面能力的同时，还必须具备项目相关专业领域的知识和技能。

(3) 处理人际关系的能力

项目经理需要与项目的所有参与者打交道，因此他应该具备良好的人际交往能力、沟通能力、激励能力、处理矛盾和冲突的能力等。

当然，项目经理在承担各种压力和责任的同时，也会得到很大的利益。具体体现在经济利益和社会利益两个方面：一方面，文化产业项目经理按照组织规定的标准享受岗位工资、奖金和业绩提成等经济收益以及由项目成果带来的经济性奖励等；另一方面，通过成功组织和完成项目所反映出的工作能力，将为其在组织内和业内树立起良好的社会形象，为其今后职业生涯的发展提供更多的机会和更广阔的空间。

第三节 文化产业项目的控制

一、文化产业项目风险监控

风险监控是指在决策主体的运行过程中，对风险的发展与变化情况进行全程监督，并根据需要进行应对策略的调整。通过构建评价体系，根据时间的不同，欧阳友权在《文化产业通论》中将文化产业项目评价分为跟踪评价、实施效果评价和影响评价三种类型，利用评价对项目的效益、作用、影响进行系统、客观的分析以达到风险监控的目的。

评定高质量的文化产业项目可以分为三个层次：第一层，具有广泛的市场运作空间和利润增值空间；第二层，能够带动其他相关产业共同发展，形成产业链或产业集群；第三层，寓教于乐，启迪心智，具有广泛的社会影响。文化产业项目的监控和评价很大程度上在于对文化资源的监控和评价。文化资源评价要素的分级指标体系是文化产业项目监控的较为适用的工具。它主要是通过对文化资源要素的不同级别指标的评价，来监控项目运行风险所存在的具体运行阶段。

文化产业与一般产业不同之处在于文化产业项目更加侧重于社会效益。风险监控有时候需要通过对社会效益的监控来实现。如各类节庆活动的举办对于当地民众生活的每个层面，无论社会、文化、经济、环境或是政治都会产生影响，影响包括正面效益和负面效益。文化产业项目所产生的社会效益如果负面影响很大，就会产生对于项目运行不利的方面。如电影拍摄的时候污染了当地环境、影视作品中可能会产生道德方面问题等的负面效应都会对项目运行带来一些风险。因此，风险的监控还应当关注到社会效益。

文化产业项目风险控制策略包括风险规避、风险转移、风险减轻、风险接受等。项目风险应对流程，如图 4-1 所示。

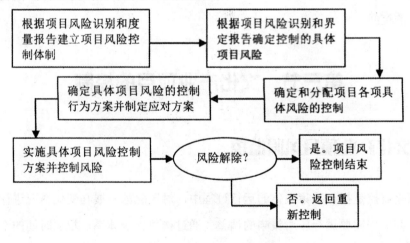

图 4-1　项目风险控制流程

(一) 风险规避

文化产业项目风险规避是改变项目计划来消除特定风险事件的威胁。风险的规避需要建立完善的风险应对机制，在项目运行时就建立完善的风险应对流程。文化产业项目风险规避更多在于对系统性风险的规避，如在项目立项之初，就应该对该项目的政策环境、竞争对手以及相关外围因素进行调研，以此规避一些系统性的风险。对于非系统性风险的规避更多的是采取一些技术性的手段和商业策略。如对于电影项目，当电影的成功因素更多地集中在某一位明星或者某几位明星的时候，该项目的风险就会聚集，因为人的因素是相对难以控制的因素，因此，技术在电影拍摄中的地位逐渐取代人的因素，动画片就是规避掉明星对于票房号召力风险的最好方式。

(二) 风险减轻

风险减轻是减少不利的风险事件的后果和可能性到一个可以接受的范围。通常在项目的早期采取风险减轻策略可以收到更好的效果。风险减轻通常可以通过找到合作方共同分担某些风险，如投资规模大的电影可以由多个投资方共同投资来减少其中某个投资方的风险。通过对于项目的分解，可以与相关的公司或者团队进行合作，降低自己的风险。通过改善内部的管理方式也可以减轻项目的风险。如建立结构合理高效的项目团队，合理设置项目团队各部分的权限配置，建立高效的沟通机制，定期检查工作等方式，从内部管理来减轻项目运行的风险。

(三) 风险转移

风险转移是转移风险的后果给第三方，通过合同的约定，由保证策略或者供应商担保。风险转移通常都需要有第三方给予一定程度的支持。文化产业项目中最容易将风险进行转移的就是保险，而且保险越来越受到文化产业项目在风险控制中的重视。在电视剧和电影的拍摄中，经常会出现意外事故，如康洪雷在拍摄《我的团长我的团》时，现场爆炸导致工作人员死亡的事件。因此，给演员上足够的保险可以保证影视剧项目的正常运行，控制项目风险。在艺术品市场中，艺术品保险构成了艺术品交易市场体系中的重要组成部分。人保财险、太保财险和出口信用保险公司已经开始承接大型展览、拍卖活动的艺术品保险项目。

分包也是风险转移的一种重要方式。对于大型文化产业项目，可以将其分解为不同模块，将其中不擅长的部分分包给更加专业的公司或者团队来运作。这样也可以有效地转移掉一部分风险。

(四) 风险接受

在风险规避、风险转移或者风险减轻都已经失效，或者项目执行成本超过接受风险的情况下，只能接受风险产生的结果，通常是不得已而为之。文化产业项目因为文化产业的特殊属性而增加了项目本身在运行过程中的复杂性，从而也加大了项目运行的风险。建立合理的项目识别和监控体系，适时应对风险，从而达到规避、转移或者减轻项目风险的目的。如果所有的应对措施都失效的情况下，只能接受风险。

二、文化产业项目进程控制

(一) 进度管理的概念

项目进度管理，也称为项目时间管理，是指在项目的进展过程中，为了确保项目能够在规定的时间内实现项目的目标，对项目活动进度及日程安排所进行的管理过程。

任何项目都有一定的时效。如一部影片可能要选择最佳的档期，或者按照国外邀请函出国进行商业性演出，都要求项目在规定时间内完成。这就要求项目团队按照时序进度，倒排工期，克服一切困难，创造性地解决问题，按时保质地完成项目。一台演出完成后，除了客户验收外，最好公司内部再做一次相应的内部验收，这样一方面可以保证项目的成功率，另一方面也可以起一个内部监督的效果。还可以对公司项目过程不断改进，为以后其他的项目成功提供范本。

(二) 项目进度计划方法

安排进度计划的目的是为了控制时间和节约时间，而项目管理的主要特点之一，就是要有严格的时间期限要求。进度计划要说明哪些工作必须于何时完成，以及完成每一任务所需要的时间，最好同时也能标示出每项活动所需要的人数。例如，国外电影制片商在电影拍摄过程中都会根据场景的要求，确定每个场景的加工周期、需要的道具、演职员的人数等。常用的制定进度计划的方法有以下几种。

1．关键日期表

这是最简单的一种进度计划表，它只列出一些关键活动进行的日期。例如一次会展项目的组织安排，包括项目策划、项目融资、项目营销、项目票务、项目布展工程、项目现场安全控制、项目物流和餐饮等配套服务等多个活动，需要根据会展项目的规律加以组织，确定关键活动的里程碑。

2．甘特图

甘特图也叫线条图或横道图，如图 4-2 所示。它是以横线来表示每项活动的起止时间。甘特图具有简单、明了、直观、易于编制的优点，因此到目前为止仍然是小型项目常用的图示工具。即使在大型工程项目中，它也是高级管理层了解全局、基层安排进度时有用的图示工具。

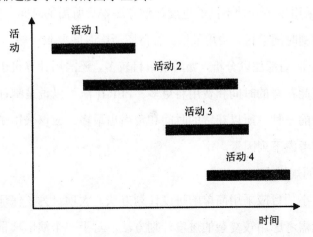

图 4-2　甘特图

在甘特图上，可以看出各项活动的开始和终了时间。在绘制各项活动的起止时间时，也考虑到它们的先后顺序。但各项活动间的关系却没有表示出来，同时也没有指出影响项目寿命周期的关键所在。因此，对于复杂的项目来说，甘特图就显得不足以适应。

3．关键路线法和计划评审技术

关键路线法(Critical Path Method，CPM)和计划评审技术(Program Evaluation

and Review Technique，PERT)是 20 世纪 50 年代后期几乎同时出现的两种计划方法。随着科学技术和生产的迅速发展，出现了许多庞大而复杂的科研和工程项目，它们工序繁多，协作面广，常常需要动用大量人力、物力、财力。除此，如何合理而有效地把它们组织起来，使之相互协调，在有限的资源下，以最短的时间和最低的费用，最好地完成整个项目就成为一个突出的重要问题。CPM 和 PERT 就是在这种背景下出现的。这两种计划方法是分别独立发展起来的，但基本原理是一致的，即用网络图来表达项目中各项活动的进度和它们之间的相互关系，并在此基础上进行网络分析，计算网络中各项时间多少，确定关键活动与关键路线，利用时差不断地调整与优化网络，以求得最短周期。然后，还可将成本与资源问题考虑进去，以求得综合优化的项目计划方案。这两种计划方法都是通过网络图和相应的计算来反映整个项目的全貌，所以又叫网络计划技术。

很显然，采用以上几种不同的进度计划方法本身所需的时间和费用是不同的。关键日期表编制时间最短，费用最低。甘特图所需时间要长一些，费用也高一些。CPM 要把每个活动都加以分析，如活动数目较多，还需用计算机求出总工期相关联的路线，因此花费的时间和费用将更多。PERT 法可以说是制订项目进度计划方法中最复杂的一种，所以花费的时间和费用也最多。应该采用哪一种进度计划方法，主要应考虑下列因素。

(1) 项目的规模大小

很显然，小项目应采用简单的进度计划方法，大项目为了保证按期按质达到项目目标，就需考虑用较复杂的进度计划方法。对于一个演出项目，通常只要用简单的甘特图或者关键日期表，列出项目的进度日程表。而对于一些大型的文化项目投资，如文化旅游景区的开发，投资较大，涉及土地划转、分期开发、工程建设、质量要求等多方面任务的协调和资源的配置，需要通过较复杂的 CPM 或 PERT 方法加以细化。

(2) 项目的复杂程度

这里应该注意到，项目的规模并不一定总是与项目的复杂程度成正比。例如电影大片拍摄，规模虽然不小，但相对具备较完备的操作规范，可以用较简单的进度计划方法。而奥运会的管理包含很多复杂的子项目，涉及很多专业知识，可能就需要较复杂的进度计划方法。

(3) 项目的紧急性

在项目急需进行时，特别是在开始阶段，需要对各项工作发布指示，以便尽早开始工作，此时，如果用很长时间去编制进度计划，就会延误时间。

(4) 对项目细节掌握的程度

如果在开始阶段项目的细节无法解决，CPM 和 PERT 法就无法应用。通常好莱坞的电影实施流水化作业，有一套成熟的操作程序，可以用计划的方法把日程和进度提前安排下来。而对于一些文物遗迹的挖掘和开发，在开始阶段存在很多的不确定因素，不可能将每一个阶段的工作完全地细化。

(5) 总进度是否由一两项关键事项所决定

如果项目进行过程中有一两项活动需要花费很长时间，这期间可把其他准备工作都安排好，那么对其他工作就不必编制详细复杂的进度计划了。

(6) 有无相应的技术力量和设备

例如，没有计算机，CPM 和 PERT 进度计划方法有时就难以应用。而如果没有受过良好训练的合格的技术人员，也无法胜任用复杂的方法编制进度计划。

三、文化产业项目资金与成本控制

项目资金是项目的基础。如何筹措资金，确保资金按计划地供应，是项目实施的前提。任何项目都离不开预算的编制和财务分析，这是投资人或者业主最关心的事情。项目经理必须落实既定的各路资金，说服投资者及时拨付资金，确保项目生产过程的顺利完成。与此同时，还要配合投资方，对到账资金进行有效的监管，确保有效使用，防止浪费和不当超支。对于一些文化项目来说，许多环节无法精准核算，例如，电影项目常常采用制片人包制的方法，超支不补，结余归己。这种方法有效地调动了项目经理加强管理的积极性。当然必要的财务管理仍然是不可忽视的，这不仅是为了向投资者报账，也有利于日后对项目进行总结、结算和评估，为下一个项目的管理提供经验和借鉴。

对于在项目运作过程中有资金回笼的，还要注意对回收资金的管理。如果项目投资期较长，还要考虑如何用回收的资金抵冲下一阶段投资，如用预售海外音像版权抵冲电视剧投资。这一切要求项目管理者具备一定的财务知识和资金运作能力。

1) 传统会计核算方法与项目运行特征之间的不适应性，造成项目的收入和成本之间往往不能匹配。在传统的会计系统中，收入是在项目完成的时候才记账确认的，这对那些跨财务周期的项目来说，会产生严重的问题。因为每个报告期内这类项目都会累计上报，但却看不到任何收益，在项目最后的报告中一次性上报，但是与之相关的费用却很少同时显示出来，或者根本没有显示。项目在早期的各个报告期内显示的信息为亏损状态，而在收入最终集中上报时却记录了超常的收益。因此，项目的收入和成本应当在会计核算期间合理地加以分配。

2) 项目工作必须得到严格控制，职能部门不能为了改进或者调查那些遥不可及的潜在风险，而随意插手项目工作。一旦职能性工作达到项目经理的要求，满足了该项任务的目标，就需要砍掉多余的费用，以防止名目繁多的费用堆积成山。例如，电影的拍摄需要严格的进度和成本控制，不能为了一个场景拍摄或者剧本某个情节的修改而耗费大量的时间和费用支出。此外，项目经理通常对项目应急预算有责任。这部分预算资金是准备在项目开始显露出无法实现既定目标时使用的。因而，这些资金必须得到认真的控制，以避免随意挥霍。

3) 项目如果需要采购设备、原材料和分包服务，必须清楚地界定出特定的需要，还要找到最低的价格和最具竞争力的供应商。在项目进度中应该考虑到为"货比三家"留出足够的时间。应该避免不完整的信息、说明意图或者特定要求的采购和外包服务情况，应该为项目准备完整的说明资料，如果有关协议和合同是建立在不完整的信息基础上，而供货商随后又要求改变标的最初的范围，那么整个项目就会失去控制，而被供货商所操纵。例如当拍摄电影需要在异地寻求联合摄制合作，必须对异地拍摄的任务加以明确的界定，如场景的分解，每个场景所需要的道具、人员工资、周期都要经过严格的计划和预算，项目的范畴和资金配置计划不应该在没有得到准许的情况下加以改变。

4) 项目经理需要合理地安排各项成本费用支出的承诺时间, 即订单确立和付出款项的时间, 将项目的财务成本(利息费用)减至最低。可以使用进度冗余时间来拖延下达订单付款的时间点, 这样可以使材料到货和现金流出的时间都不会过早。当然这是在不影响项目总体进度的情况下, 项目经理通常可以通过下达包含延迟支付的订单, 利用供货商和服务提供商交来的账目为项目融资。项目经理还可以考虑供货商和服务提供商的定价结构, 通过分期付款的方式降低总体价格, 并为项目带来净利润。在分期付款中, 项目经理可以通过正确安排分期付款的期限, 将项目的现金流入的期限结构同现金流出的期限结构对应起来, 从而在整个项目周期内, 将现金余额保持为零, 实现项目的财务成本最小化。实际上, 如果安排得恰当, 有利的付款期限结构可以为项目保持一个正的现金头寸, 这会为项目创造利息收入, 而不必承担现金短缺所造成的利息支出。此外, 立即付款可能会得到较好的折扣, 在折扣额超过延迟付款的利息节省额的情况下, 可以采取这样的做法。

5) 对于那些内部融资的项目, 即企业从收入中提供项目资金来源, 不从外部融资获得资金的项目, 管理层所希望的是在最短的合理时间内回收投资。还有一些文化项目, 其时间和周期的要求非常高, 如演唱会、定期的体育赛事、定期举办的会展项目等。在这种情况下, 项目不必要的拖延都会造成风险的增加和进度延迟。此时, 项目的进度控制和投资回收就是最重要的目标。而对于内部融资项目来说, 越早完工, 投资回收的过程开始得也就越早。

第五章 文化产业行业管理问题研究

文化产业包罗的行业非常多，每个不同的行业都具有不同的特点。但是，从行业管理的角度而言，由于这些行业都属于文化产业的范畴，因而其行业管理的模式也大同小异。

第一节 影视文化产业管理问题

一、影视业的特点及构成

（一）影视业的特点

按照产业经济学理论，界定一个产业的标准应当主要有以下三条。

1) 产业主体不仅仅包括追求利益最大化的企业，还应包括提供公共产品或服务的非营利性的组织、机构，如果某个行业或部门从事营利性经济活动，以营利作为活动的主要目的，肯定称其为产业。

2) 产业的区分和存在的主要标志是它所提供的产品或服务的用途和性质。

3) 产业的存在要求有一定的规模，即它所代表的产品或劳务必须达到一定的市场占有规模、生产规模和产出规模。

按照上述三条基本标准来衡量影视业的有关经济活动，影视业完全具备成为一个产业部门的基本条件。

配第一克拉克定理和库茨涅兹法则指出，随着经济发展及人们收入水平的提高，产业间产品附加价值的差异以及由此带来的相对收入差异，劳动力、资本首先从第一产业向第二产业转移；当人均收入水平进一步提高时，劳动力与资本又逐步向第三产业转移；同时，三次产业增加值的比重随之发生变化，第一产业比重不断下降，第二产业比重由快速上升逐步下降，第三产业则经历上升、徘徊、再上升的过程，最终将成为国民经济中最大的产业。影视产业属于较高层次的服务业，其在我国第三产业增加值的比重将随着我国经济发展而进一步上升。影视产业具有社会意识形态属性，还具备特定的产业竞争性，它是由特殊的生产企业组成的产业组织。影视产业的蓬勃发展是经济发展的必然规律。

影视产业属于文化产业中的视听行业，主要包括电影、电视和广播，是指在商品经济体制下，电影、电视、广播产品在制作、放映、播放及销售等生产或服务环节中形成相互竞争与合作的企业的集合。

相对于其他产业而言，影视产业有以下主要特点：一是与意识形态紧密相连，在宣传领域地位重要；二是与资金市场紧密相连，是一个高投入的产业；三是知识密集程度较高，进入的门槛也比较高；四是在国际贸易中，具有明显的文化贴现现象；五是影视产业相对于其他产业来说外部效应更大；六是智能化、数字化、虚拟化等新经济特征日益渗透到新兴的影视产业中。

(二) 影视产业的构成

影视产业的内涵极为丰富，它包括产业组织、产业结构、产业布局、产业关联度和产业政策等多个方面的内容。影视产业组织是影视产业内部各机构之间的关系。影视产业结构以信息服务为主体，其资源配置主要依靠市场。

影视产业是一个庞大的社会系统工程。系统内，影视产业是一条长长的产业链；系统外，影视产业又与多种相关行业辐射交融，犹如"宇宙行星"模式一样有多种可开发性。同时，影视产业又受到社会环境、政治经济、科技进步、人文等诸多因素的影响和制约，每一种因素都会深刻影响并制约着影视产业的总体进程和发展走向。这就要求影视业必须有系统内和系统外两种机制的良好配合，并达到优化耦合，才能使影视产业步入良性循环的轨道。

从系统看，影视业的结构为一条长长的产业链，主要围绕影视产品的制作—发行—放映。从节目形成开始的融资、策划到资金回收的完成，大致可分为五个阶段：第一阶段：融资、策划阶段；第二阶段：生产制作阶段；第三阶段：发行和集中进行市场营销阶段；第四阶段：放映阶段；第五阶段：回收资金并进行影视后产品开发阶段，如图 5-1 所示。

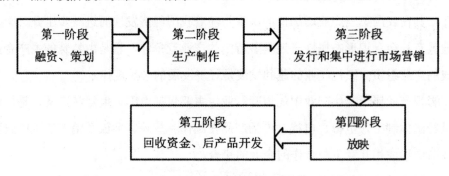

图 5-1　影视产业链的构成

影视的产业化要求建立以销售为基点，以资本市场融资为手段，以可行性分析与成本核算为依据，以制片人为中心，并能使影视生产进入良性循环的生产体系。根据现代影视产业的发展特性，影视产业的收入结构不再以电影的票房收入或电视播映收入为主，而是影视产品的后市场开发收入占主导地位。影视产业可以凭借其规模化、系统化吸收众多相关产业的参与和支持，并开发相当广泛的辐射领域，为其他相关产业带来大量的市场需求和潜在的市场机会，带动与之相关类产品的市场开发。

二、影视业的发展现状

影视产业是文化产业中最具影响、最有活力的产业之一，也是发展最为迅速、与人们生活关系最为密切的一个文化产业领域，是指按照工业标准生产、再生产、储存、分配与消费的影视产品和服务的一系列市场行为与经济行业，"这是一个从事广播电影电视产品与服务的生产经营活动以及为这种生产和经营提供相关服务的产业门类"，主要包括以下几个方面。

1) 产品生产部门：电台、电视台、电影制片厂、影视制作机构、动画制作机构等。

2) 产品经营部门：广播电视广告公司、电影院、影剧院、器材公司等。

3) 信号传输部门：网络公司、发射台、转播台等。

4) 衍生产业部门：影视中介公司、演艺公司、会展场馆等。

一直以来，中国广电被作为事业单位看待。在当时，广电无疑为拥有这项桂冠为荣。但现在看来，却恰恰是这个紧箍咒束缚了广电的发展。与中国进行的轰轰烈烈的改革相比，与其他行业的改革进程相比，广电的改革无疑是很晚的，是迟缓的。一直到 20 世纪 80 年代中期，一些有识之士才在改革大潮的推动下，初步树立起了市场意识和经营意识，在广电领域内进行一些尝试性的改革，其中包括湖南广电的魏文彬。湖南广电是全国广电改革的一个缩影，大致经历了频道改革、组建集团、上市融资、产业拓展几个阶段。到目前为止，走在前列的中央台和部分省级台、市级台在做大做强产业方面取得了一些成绩。但所有成绩的取得，都离不开策划者和执行者强烈的市场意识和创新意识，敢于不可为而为之。

(一) 宏观体制不断进步

中国影视产业管理体制的发展总的来说滞后于广电产业本身的发展，但近十多年来，仍然有了很大的进步。上星工程是促进广电发展的一大举措，其后批准部分地方成立广电集团，也是促进广电产业发展的重要因素。文化体制改革的推进，促使广播电视体制结构发生变化。2004 年，《中央宣传部、中央编办、财政部、文化部、国家广电总局、新闻出版总署、国务院法制办关于在文化体制改革综合性试点地区建立文化市场综合执法机构的意见》(中办发[2004]24 号)文件，融资政策放宽，准入门槛降低，更多社会力量参与到了影视业发展，资本动作初见成效。2004 年，国家广电总局、商务部令第 44 号《中外合资、合作广播电视节目制作经营企业管理暂行规定》对系统内、系统外、社会资本和外资进入影视产业做出了新的规定。2005 年，《中共中央、国务院关于深化文化体制改革的若干意见》中发[2005]14 号则将把广电产业的发展推向一个高潮。国家"十一五"文化发展纲要对文化产业发展作了全面规划，明确了发展影视产业的重点和方向。国家《关于推动我国动漫产业发展的若干意见》国办发[2006]32 号为影视动画产业创新发展提供了政策支持和机制上的保障。

2014年3月，国务院发布《国务院关于推进文化创意和设计服务与相关产业融合发展的若干意见》(国发[2014]10号)，明确提出全面推进三网融合，推动下一代广播电视网(NGB)和交互式网络电视等服务平台建设，推动智慧社区、智慧家庭建设。

2014年4月，国务院办公厅发布《国务院办公厅关于印发文化体制改革中经营性文化事业单位转制为企业和进一步支持文化企业发展两个规定的通知》国办发[2014]15号，明确提出2014年1月1日至2016年12月31日对广播电视运营服务企业收取的有线数字电视基本收视维护费和农村有线电视基本收视维护费，免征增值税。通过公司制改建实现投资主体多元化的文化企业，符合条件的可申请上市，扩大融资，实现融资渠道多元化。

(二) 市场规模不断扩大

我国广播电视行业发展经历了以下几个主要阶段。

1) 共用天线阶段(1964—1983年)，由一定区域内用户共用一套天线系统，通过高频电缆将电视信号送至各用户;

2) 闭路电视阶段(1983—1990年)，该阶段的信号传输主要通过同轴电缆进行，配备一定的前端设备，组建电视分配网;

3) 1990年以来有线广播电视传输行业进入了高速发展阶段，1990年11月，我国《有线电视管理暂行办法》颁布，广电网络带宽大大增加，这一时期有线广播电视传输行业经历了模拟电视—单向数字电视—互动数字电视等几个发展阶段，目前大部分地区仍处于数字化整转和双向化改造进程中;

4) 2010年开始，随着三网融合的推进，IPTV迅速发展，互联网电视等新业态快速起步，有线广播电视传输行业迎来了全面竞争。

我国广播电视行业发展迅速，规模日益增大。新闻出版广电总局发展研究中心发布的《中国广播电影电视发展报告(2015)》显示，2015年，我国广播电视行业总收入达到4 226.27亿元，同比增长13.16%。目前，已在模拟电视数字化、高清化、网络双向化改造、三网融合等方面取得一定突破。截至 2016 年一季末，全国总用户数超过 4 亿户，目前数字电视用户突破 1.9 亿户。一季度用户季度增长量为 523.9 万户，同比 2015 年第一季度增长 14.97%，数字电视用户占有线电视用户比重达到 82.65%，由于技术壁垒较高，数字电视市场需求份额较为稳定。有线双向网络实际利用率为 32.99%，呈增长态势，网改覆盖用户中约有三分之一用户完成渗透，有线双向网络潜在市场巨大。

我国直播卫星户户通工作继续推进，广播电视覆盖率进一步增加。截至 2016 年 1 月 8 日，全国直播卫星户户通用户超过 1 900 万户，"户户通"工程进展顺利。2017 年，农村地区广播电视的人口覆盖率继续增长。2017 年年底，全国广播人口综合覆盖率 98.08%，全国电视人口综合覆盖率 98.72%。距离"十二五"规划要求的广播电视人口综合覆盖率达到 99% 已经不远。

同时，我国电影产业市场规模也不断扩大。从全球看，中国已经是全球票房收入增长最快的区域之一，2016 年票房收入占全球的份额提高至 13.0%，成为仅次于美国的电影消费第二大国。电影产业是资本驱动型产业，中国电影产业市场化程度高，成为民营资本的天堂，热钱不断投入，推动电影产业蓬勃发展，电影银幕数量连续 5 年增长率超过两位数。

进入 2016 年，我国电影娱乐消费的热情持续高涨。2016 年全国电影总票房为 440.69 亿元，较 2015 年增长 48.7%，创下"十二五"以来最高年度增幅。其中，国产影片票房 271.36 亿元，占总票房的 61.58%，以较大优势保持了国产电影在中国电影市场的主导地位。2016 年我国故事影片产量 686 部，动画影片 51 部，全年票房过亿元影片共计 81 部，其中国产影片 47 部；国产影片海外销售收入 27.7 亿元，较 2015 年增长 48.13%；全年城市影院观影人次达到 12.6 亿，较 2015 年增长 51.08%。

上述数据显示我国的影视行业已初具规模，基本满足了对一个行业界定的标准。根据产业发展的生命周期理论，可以把一个产业的生命周期划分为四个阶段：形成期、成长期、成熟期与衰退期。我国的影视产业正处于一个迅速发展的阶段，但是同成熟的市场经济国家相比，影视产业在国内产业中的比重还很轻，处于产业发展的形成阶段。美国、英国以及日本等国家，影视产业在 GDP 中所占的比重已经接近或者超过 10%，而我国 2012 年影视产业在 GDP 中的比重只占 0.67%。随着中国经济的进一步发展，居民的消费结构进一步升级，影视市场需求容量会逐渐扩大，影视产业存在着巨大的发展空间。

从产业范围来看影视产业已经从传统的以广播电视主业延伸到了各个领域，以内容产业为中心，传输产业、衍生产品产业(会展、演出、影视基地、音像、移动电视)等呈蓬勃发展之势。

(三) 品牌意识不断增强

在市场化背景下，中国电视进入了频道品牌化的时代，从过去完全不谈品牌，到逐渐有了品牌意识，再到把品牌的地位上升为自己的核心战略，中国的电视媒体走过了一条漫长的探索和发展之路。当前，媒体管理者们已经认识到频道的品牌建设是未来发展的必由之路，开始倾力打造并大力推广自身的良好品牌形象。从频道的定位到栏目和主持人的包装，再到与品牌建设相关的大型调查研究，全国有多家电视媒体对频道的品牌建设进行了有益的探索和实践，并取得了一些可喜的成绩：电视频道细分明确，节目形式新颖，栏目竞争力强，能满足各类不同收视人群的需求。同时，拥有深受观众欢迎和好评的品牌栏目和品牌主持人，其综合竞争力和品牌影响力更加彰显，担当着国内电视媒体领头羊的角色。

另外，省级卫星频道在品牌建设方面也有不错的表现，娱乐性、资讯性和地方性增强；个别频道及一些栏目在品牌建设方面有突出的表现，其中以湖南卫视表现最为突出，安徽卫视、上海东方卫视和北京卫视也有尚佳的表现。

(四) 运作方式不断创新

通过十几年的摸索，广电产业发展的运作方式已经越来越多样化，制播分离、集团化等，都是成功的范例。对广电资源进行集团化整合的城市，最早可以算是无锡了。它的模式是局、广电集团两块牌子一套人马，是典型的政事合一。它的做法遭到许多责难，虽然算是第一个吃螃蟹的，但现在也发现了弊端。以后陆续有山东模式：局长兼任总台台长；湖南模式：频道制，相对独立，内部竞争力度颇大；浙江模式：局、台分离，下设频道；上海模式：小局大集团、两块牌子分头挂，强调行业行政管理职能与媒体产业经营管理职能的严格区分等。根据中央关于广电改革的精神，在坚持基本原则的前提下，坚持"大胆创新，探索各种模式，不要求一刀切"的要求，肯定还会有其他模式出台。但无论采取何种模式，都必须遵循以发展为主题，以体制改革、结构高效为主线，以集团化为重点，深化电视改革。中国电视产业集团化顺利实施的一项重要前提条件，就是政府主管部门是否已为它制定出一个明确的符合产业实际和特点、有利于充分释放其内在能量的发展战略。而这种发展战略，应该代表着最先进的生产力的要求，具有前瞻性。华东地区的六省(江苏、浙江、山东、安徽、江西、福建)无一例外地在其集团规划蓝图中，基本上都认可或选择了局与集团合署办公、两块牌子一起挂的运作模式。唯一稍有例外的是上海文广局，在多年行政整合的基础上，突显了政企、政事分开的目标，实施"小局大集团、两块牌子分头挂"的运行模式，强调了行业行政管理职能与媒体产业经营管理职能的严格区分，这给多年来中国广电系统一直处于缓慢状态的改革进程，带来了一股涌动的潮流。

三、影视业的转型

在影视领域，受社会主义市场经济体制逐步健全，数字技术、网络技术和媒介融合快速演进等多重影响，一场深刻的变革正在发生，一方面技术体系加快升级换代，另一方面事业产业、体制机制等都面临新一轮转型。推动新一轮转型，既是中国影视抢抓战略机遇的必然选择，也是实现影视强国目标的必然要求，对构建中国影视发展新格局，确立其独特地位，发挥其重大作用，至关重要。

(一) 从一元体制向二元体制转型

1. 影视二元发展格局要求建立健全二元体制

中国现有广电体制形成于计划经济时代，十多年来广电体制改革取得了巨大进展，但一元型事业体制特征还比较突出，不能完全适应公共服务要求与市场经济环境。党的十六大明确提出，要发展公益性文化事业和经营性文化产业，这一理念在其后中央关于文化体制改革的部署中日益完善和深化。贯彻落实文化改革发展的基本思路，影视正在形成公益性事业和经营性产业二元发展格局，一元型事业体制也随之逐步向二元型事业产业体制转变。通过多年来的改革探索，二元广电体制初步形成，但仍有一些深层次问题需要解决，一些关键环节需要突破。解决这些问题，需要进一步完善顶层设计。随着媒介融合的快速演进，广电体制应增强包容性，加大促进广电融合发展的体制推力。

2．健全公益性广电事业体制

一是贯彻中央部署，将广电公共服务体制架构上升为制度。构建以保障人民基本文化权益、满足基本文化需求为目的，以政府为主导，以公共财政为支撑，以公益性广电机构为骨干，向全社会提供公共广电设施和服务的广电公共服务体制。

二是健全公共服务主体。长期以来，广电公共服务的主体是模糊的，有些层级的主体在逐渐弱化。随着电台电视台、有线网络产业经营地位的确立，应切实明确其公共服务职责。当前要强化农村广电公共服务的体制基础，形成"三网一台一点"，即有线网、地面网、卫星网和广播电视台以及乡镇服务点的体制格局，巩固和强化市县两级广电管理机构职能和广播电视台的公共服务职能。市县两级广播电视台是广电公共服务体系的基石，在体制改革中其地位应进一步强化。

三是完善财源体制。公共财源是公益性事业体制的基本特征。在推进重点惠民工程建设向公共服务体系建设升级的过程中，应将建设与运行经费纳入各级财政预算，形成常态化和制度化的财源机制，赋予各级财政在广电公共服务中的刚性责任。目前，农村广电公共服务建设应重点加大对市县两级台的财政投入，解决台网分离、网络整合后其运行经费匮乏问题。

四是农村广电公共服务要广泛引入市场机制，采取政府采购、项目补助等措施，充分调动社会力量参与提供。

五是确立广电公共服务的基本标准，建立评估考核机制，让广电公共服务的提供与监督有规可循。广电公共服务应尊重群众主体作用，适应群众基本需求的变化，增强针对性、适配性和实效性。

3. 健全经营性广电产业体制

经营性广电产业的发展需要相应的体制保障。长期以来，由于对广电的产业属性认识不足，尽管经营性产业在顽强成长，但难以得到体制的全面支持。产业主体缺位，市场机制缺失，资源配置行政化，成为制约广电产业发展的最大因素。十七届六中全会对发展经营性文化产业提出了新目标，做出了新部署，提出要解放和发展文化生产力，全面形成以公有制为主体、多种所有制共同发展的文化产业格局。贯彻这一精神，创新经营性广电产业体制，应着力在以下三个方面实现突破。

(1) 建立融合性广电产业体制

当前，传统广电媒体与视听新媒体正在全面融合，各种媒体之间的界线逐渐消失，全媒体成为发展趋势。传统广电媒体体制已不能适应视听新媒体的发展。基于我国国情，应加快推动经营性广电产业体制与视听新媒体体制的融合，以体制改革适应和促进传统广电产业与视听新媒体行业的融合发展。

(2) 培育新型市场主体

经过改革，国有电影电视剧制作机构转企改制已全面完成。社会资本也纷纷进入影视制作并成为生力军，目前，80%以上的电视剧和电影、90%以上的动画是由民营企业完成的。民营企业在视听新媒体领域十分活跃。要形成公有制在广电产业领域的主体地位，必须改革事业体制，把经营性广电业务剥离并实行企业化、市场化、产业化运营，塑造合格市场主体，最大限度减少行政干预。建立健全广电企业主管主办制度与现代企业出资人制度有机衔接的机制，形成符合现代企业制度要求、体现广电特点的资产组织形式和经营管理模式。在培育新型市场主体过程中，探索解决广电产业虽然资源丰富但市场化程度低、广电产业要素专业化程度高但流通性差，与资本市场对接难问题。

(3) 发挥市场在广电产业资源配置中的积极作用

打破层级、地域、体制、行业限制，支持产业要素的自由流通和产业资源的整合重组，建立统一、开放、竞争、有序的市场环境，既支持和壮大国有或国有控股广电企业，也鼓励和引导各种非公有制广电企业健康发展，除特殊情况外，进一步降低广电产业准入条件，引入社会资本做大做强广电产业。

（二）从单一媒体向融合媒体转型

媒体的融合发展不仅是制作、播出、传输、接收环节的全面融合，也是涵盖传播理念、管理模式、体制机制等方面的全方位创新，是广电发展面临的一场深刻革命。适应和引领媒介融合潮流，必须重视全媒体资源配置，加快推进从单一媒体向融合媒体的转型。

1. 抓住新技术发展机遇，促进广电技术体系向数字化、交互化、信息化转型

数字和信息技术的快速应用，推动中国广电传统的技术体系加快转型。节目采编制作正在实现全面数字化；广播在向数字广播、网络广播、多媒体广播方向发展；电视在向数字电视、高清电视、超高清电视、网络电视、移动电视、智能电视方向发展；电影正向数字电影、立体电影、4K 方向发展；卫星、有线网络、地面等传输覆盖体系正在实现数字化；有线网络正在向数字化、双向化、智能化、多功能化、全业务化方向发展；各类视听新媒体终端也将实现全面数字化和智能化。随着移动互联网的发展，三网融合领域将从有线拓展到空中，带来信息传播的又一场革命，全面实现广电技术体系的数字化、交互化、信息化和互联网化。

2. 加快和深化互联网技术应用，促进广电媒体与新媒体全面融合

媒介融合对媒体发展和新的媒体格局产生深远影响。

第一，广电媒体与新媒体的融合必然催生出全媒体。数字与网络技术消除了媒体形态的边界，带来媒介的融合，使报刊、广播、电视、互联网等不同形态的传播媒介从以往各自独立状态，逐渐走向互动、整合，最终走向融合。媒介融合能够打破媒体之间的限制，按照产业价值链，整合现有各类媒介资源，实现所有资源在一个平台或不同平台间共享。

第二，广电媒体与新媒体的融合必然催生出自媒体。融合媒体发展到智能时代，每一个接收终端也是一个传播前端，形成人人都是媒体的现象，传统媒体垄

断话语权的时代即将结束。这就要求全面创新融合媒体的管理，构建自媒体时代的传播秩序。

第三，广电媒体与新媒体的融合必然催生出社交媒体。从美国的网络媒体发展趋势看，传统广电媒体先是融入网络视听媒体，网络视听媒体又融入了社交媒体。社交媒体对信息传播与管理又提出了新要求。

第四，广电媒体与新媒体的融合必然催生随时随地媒体，使人任何时候任何地点都处在媒体服务中，也使任何媒体随时随地将信息送达任何人。可以预见，融合媒体将成为全球信息传播的主宰，并开创各种媒介优势互补、融合发展的新局面。

第二节　新闻行业管理问题

一、新闻传播的内涵及传播过程

（一）新闻传媒的内涵

所谓新闻传媒业，是指新闻机构及其各项业务的总称。现代新闻传媒业主要是由报社、通讯社、广播电台、电视台、新闻期刊社、新闻电影制片厂等专门机构，运用报纸、广播、电视、新闻图片、新闻期刊、新闻电影等传播媒介进行的新闻活动的总称。随着社会的进步和人类物质文化生活水平的提高，新闻传媒在人类生活中起的作用越来越大，成为一种不可忽视的力量。新闻传媒负载着意识形态、文化、信息、社会服务等多种功能，在各国都是一种不同于其他行业的特殊行业。周光召院士认为，21世纪的新闻传媒是信息社会的核心领域之一，是各国政治和经济发展的制高点，是人们工作和生活不可或缺的基本工具。

新闻传媒具有双重属性：作为具有意识形态的精神产品的生产者，新闻传媒从属于上层建筑范畴；作为向大众提供信息的载体，新闻传媒又从属于信息产业，这在西方发达国家是一个共识。1997年，美国沿用多年的"标准产业分类SIC"

被新的"北美产业分类标准 NAICS"所代替，新分类系统的一个重大变化就是设立了一个新的二级产业——信息业。这个信息业没有包括我们通常会想到的计算机制造业等，而是包括了出版业(包括软件出版)、电影和录影业、广播和传播业、信息服务业和数据处理业等。这个代码为 51 的产业群就是"内容产业"(content industry)。与其相适应，传播媒介具有两种功能，即喉舌功能和产业功能。

作为喉舌功能，新闻传媒可以宣传一个组织、一个政党、一个国家的立场和主张，历来为各国的政治家推崇备至。马克思早期曾主编《莱茵报》，毛泽东同志曾主编《湘江评论》，邓小平同志在法国留学期间也积极从事《少年》《赤光》的办报活动，20 世纪 30 年代主编中国工农红军总政治部《红星》报，主管红一军团的油印《战士报》和《八路军军政杂志》，宣传马克思主义思想。西方资本主义国家一样重视传媒的宣传作用，他们办有少量的官方传媒或者公共传媒以宣传其内外政策，同时对其他私营传媒的舆论导向给以间接的控制，使之符合统治阶级的利益。由于我国与西方资本主义国家的社会体制的根本不同和宪法理念的差异，传媒实现宣传功能的方式存在着很大的不同。长时间以来，我国把新闻传媒的喉舌功能作为其唯一重要的功能，广播、电视、报刊等大众传媒作为党和国家的重要喉舌，传媒的意识形态属性一直被放在最突出的地位。

作为传媒的产业属性，传媒可以让公众、消费者了解商品和服务，可以为企业塑造良好的形象，进而实现盈利。传媒有两种可以销售的商品：一是将新闻内容卖给受众(读者、观众、听众)，获得发行收入；二是将报纸版面或者播出时间(电视、广播)卖给广告客户，获得广告收入。在世界范围内，新闻传媒也是一个巨大的产业，如默多克集团、路透社集团、新加坡联合早报报业集团、时代华纳等。在福布斯富豪排行榜上，100 名富豪中竟有 20 名传媒业老板。

(二) 新闻传播的具体过程

新闻传播与大众传播是特殊与一般的关系，因此，新闻传播既有与大众传播相同的共同性，也有与大众传播不同的特殊性。

从传播过程看，新闻传播过程与大众传播学关于传播过程的理论是一致的，同样必须具备拉斯韦尔提出的传播过程的五要素，也同样应该注意反馈。从信息论的角度看，新闻传播也是一种信息的传输转换过程，也是需要经过信源、编码、信道、译码、信宿这样一个传播过程的信息系统：客观世界发生的事物的存在方式和变动状态，构成新闻的信源；新闻机构及其专职人员充当了主要的传播者，要通过他们对信息的收集和加工处理，进行编码，制成新闻，才能投入传播：报纸、广播、电视等传播媒介成为信道，其所传播的各种消息、通信、音响、图片、画面等都包含着一定质的信息量；而接收信息的人(读者、听众和观众)就是充当信宿的受众，他们需要对传播者的编码进行译码，才能理解信息的内容和意义。因此，只要注意到通信系统那种机械的、物质的信息传递与新闻这种有机的、社会的信息传播之间的区别，考虑到新闻传播过程中的人的功能性因素和社会因素，吸收一些研究者对传播过程的各个环节的研究成果，申农—韦弗的信息论模式就仍然可用于新闻信息的传播。

以上是新闻传播与其他类型的大众传播以及通信系统的信息传递的共同点，但新闻传播与它们又有所不同。这不仅表现在传播的内容上新闻传播只限于新闻信息，而且在传播的过程上新闻传播也有其不同的特点。

新闻传播的过程是一个多级传播的过程，因而存在着多级的信源、信道和信宿，也存在着多级的噪声干扰和信息反馈。新闻传播的过程可分为以下三级。

1．第一级传播

第一级传播是从客观事物发出信息到新闻媒体接收信息。这时，客观事物是信源，新闻媒体的记者、通讯员是信宿，记者、通讯员获得、接收信息的渠道是信道。记者、通讯员在采集、获取信息时可能受到来自各方面的干扰,而在获取信息之后也可能提出自己的意见，进行信息反馈。

2．第二级传播

第二级传播是新闻媒体内部的传播。这时，记者、通讯员充当了信源，他们将所获得的原始信息加工制作成可供传播的信息即新闻。媒体内部传递新闻稿的通道成为信道；经过层层筛选，到最后做出可否传播的决定的决策人，是信宿，在媒体内部的传播过程中，同样可受到来自各方面的干扰；而一份新闻稿可否采用以及在采用前所经过的编辑的必要修改,反映了媒体内部对这份新闻稿的态度,这也可以说是一种反馈。

3. 第三级传播

第三级传播是从媒体传播新闻到受众的接收新闻。这时,新闻媒体成了具体的信源,广大受众是信宿,而传播和接收新闻的通道是信道。在这一传播过程中,就更可能受到各方面的干扰,而受众的信息反馈也就更为直接了。

由此可见,新闻传播是一个多级的、完整的信息传输过程,是一个有机的、社会的信息交流系统;在其传播过程的每一级中,都不能不受到人的功能性因素和诸多的社会因素的影响,而与机械的、物质的信息传递有着本质区别,因而不能不考虑传播的效果和对传播的控制问题,这是新闻这种多级传播的特点。但是,从整个新闻传播过程看,信源是指作为新闻的来源和传播的开端的第一级信源,即客观世界发生的事物的存在方式和变动状态;信宿是指作为新闻的最后接收者和传播终端的第三级信宿,即受众;信道也是指由新闻媒介发出新闻到受众接收这些新闻的这一段信道,即第三级信道。而对干扰和反馈的研究,也往往将侧重点放在第三级传播上。在这一传播过程中,新闻机构及其专职人员(主要是记者)起着十分重要的作用,他们作为职业传播者,担任着双重角色:对信源来说,他们是信宿,进行对原始信息的收集、选择、加工,制作成新闻,供新闻媒介进行传播;对受众来说,他们又是信源,将加工制作好了的新闻通过一定的媒介传给受众。这是新闻传播过程的一个大致的轮廓。

二、新闻传媒业的发展状况

近 10 年来,互联网、新媒体迅猛发展,与传统媒体形成并驾齐驱之势,在新兴经济的冲击下,传媒、电信、计算机业的产业界限日益模糊,边界的扩张催生了产业规模化的发展,也推动着行业转型和管理体制的变革。从产业政策上来看,党的十八大报告明确提出了要落实"五位一体"建设的总体布局,要使文化产业成为国民经济支柱型产业,一系列涉及文化产业管理体制机制的变革,必将对传媒业的发展产生深远的影响。在此背景下，我国的新闻传媒业正迎来新的一轮转型发展。

(一) 纸媒"断崖式"下滑与新出路

在新媒体的冲击下，中国报业广告和发行都难有起色。2012 年，中国报刊广告投放整体市场规模约 685.5 亿，同比跌幅达到了 12.6%，纵观相关研究机构近 10 年对中国报刊广告市场的统计数据，2012 年是首次出现年度负增长。

其中，报纸媒体广告投放同比跌幅最大，达到了 19.2%，从地区来看，华东、华北、对 30 多家都市类报纸的最新调查结果显示，2015 年第一季度报业广告下滑更为严重，普遍下降 20%以上，个别报纸下降幅度高达 30%，发行量也普遍下降，其中汽车、房地产等传统广告大户的流失情况最为严重。宏观经济发展速度放缓，加上新媒体对传统媒体广告市场的不断挤压，预计报业发展形势愈发严峻。

面对报业市场的持续下降，报业企业的突围策略之路主要有三条：一是抱团取暖，通过并购重组形成规模效应，譬如大众报业集团；二是发展多元化业务，实行战略转型，譬如大力发展游戏产业的浙报传媒集团；三是开展数字媒体业务，譬如人民日报上线客户端、粤传媒联手甲骨文开拓大数据业务。然而，这三条路都只适合有经济实力的大型报业集团，而经营困窘的都市类报纸只能另辟蹊径。阿里巴巴在 2014 年初通过控股文化中国曲线收购《京华时报》之举或许指明了第四条路——被实力企业并购。报业的"断崖式"下滑也许能逼其走出一条新路。

报纸作为媒介形态在时效性、互动性、信息量等方面的天然缺陷导致其主流媒体的地位将逐渐被互联网等新兴媒体所取代。未来 5～10 年报业市场还会不断衰退，但在下降到一定程度后也将趋于平缓。对于报业企业而言，无论是开展多元化业务，还是数字化转型，缺的不仅仅是时间和机会，而是抛开昔日辉煌的勇气和颠覆自我的决心。

(二) 电视媒体维持强势地位

电视依然是中国传媒市场规模最大的媒体，并呈现出增长平稳、结构优化、质量提升、产业升级的良好态势。为了应对年轻观众的流失，近几年来，电视业持续开展节目内容创新。

浙江卫视和制作方灿星公司合作推出的《中国好声音》创造了中国电视娱乐节目的新巅峰，每期平均收视率达到4%以上，决赛直播广告收入过亿，开启了购买节目版权、节目制播分离、分成共享的新模式。类似成功的节目还有央视纪录片《舌尖上的中国》、江苏电视台婚恋节目《非诚勿扰》等，一大批成功的电视节目也为电视人坚守荧屏应对新媒体挑战增添了信心，只要了解观众需要，认真研究节目形态，获得市场和口碑是可以实现双赢的。当观众对《中国好声音》等选秀节目热情渐淡的时候，2014年《奔跑吧!兄弟》、《囍从天降》等真人秀节目成为新的年度热门话题。虽然目前热播的综艺节目大多是引进版权，但客观上有助于提升国内电视节目的制作水平，促进节目制播分离，从而推动电视台的转型。

除了内容创新以外，电视台与社会的合作也更加深化，"开门办电视"成为现阶段电视发展的制胜战略。中央电视台作为互联网电视持牌方，积极与乐视网签署合作协议，广泛开展合作，与视频网站搜狐也进行了结盟，在电视剧方面进行跨媒体的联合运营，中央电视台旗下的 CNTV 商城也更名为"央视网上商城"。电视平台越来越向互联网等新媒体开放，从内容生产、资本运作和战略合作等多方面引入社会力量的参与。台网联动、构建全媒体的平台正成为一种共识，不论是中国网络电视台的"全媒态"报道奥运会，还是江苏电视台的全媒体新闻平台建设，多屏互动、全媒体融合的模式正在积极地探索中。

在数字化建设方面，电视产业的数字化常态时代已经到来。三网融合在试点中前行，广电、电信和互联网在融合中不断紧密合作关系。值得称道的是，中国移动多媒体广播电视(CMMB)已初具产业规模，并初步形成了覆盖全国的网络体系，完成330多个地级以上城市、涉及人口数超过5亿人的信号基础覆盖，成为全球覆盖面最大的移动广播电视网络，而且 CMMB 的终端推广也渐显成效，用户总量已经达到4700万人以上，付费用户就有2300万。从内容来看，CMMB 不仅承载了现有广播电视的内容，也在同步发展专业新媒体频道，强化与移动互联网的合作。

总体来看，中国的电视产业在新媒体的冲击下维持了强势地位，但发展隐忧依然不少，电视产业面临的转型是大势所趋。打破为单一平台播出而生产的理念，构建全媒体平台为融合终端提供内容和服务，通过电视购物、IPTV移动终端寻找未来发展的增长点，电视业在忧患中进行着各种积极尝试，为未来的发展不断探索路径。

（三）网络媒体新秩序形成

首届世界互联网大会的召开，到正式提出《关于推动传统媒体和新兴媒体融合发展的指导意见》，再到将网络安全上升至国家安全战略层面。党和国家正逐步释放出将互联网作为国家主流媒体渠道，确立其国家战略地位的信号。这既是互联网快速发展的必然结果，也标志着互联网发展进入了新的历史阶段。

当前，互联网也将承担更多的社会责任，受到更为严格和规范的监管。虽然互联网让我们的生活更快捷、便利、高效，互联网的开放性和用户内容生产的便捷性，也促进了公民社会的构建和媒介社会责任的实现；但是，开放式的生产模式容易带来信息内容的泛滥，未加鉴别的意见交织容易造成无意义的喧哗，缺乏自律的用户群体导致的网络"水军"横行和"网络审判"等问题，以及众多权利主体界定不等引发的利益冲突，这些问题都将成为政府亟须解决的问题，也将推动互联网规制体系的建立和完善。可以预见，互联网粗放式成长时代已经结束，整个行业将走上更加规律和有序的发展道路。

三、新闻传媒业的管理模式

（一）我国新闻传媒业管理模式的变革

1. 以往新闻传媒行业管理模式存在的弊端

改革开放以来，我国国民经济经历了由计划经济体制逐步向社会主义市场经济体制转轨的过程。在这一过程中，处在"全面管理"模式下的新闻传媒产业所存在的许多弊端就逐渐暴露了出来。

1) 政府对新闻传媒机构的各项权利全部加以严格的控制，不能自行选择自己的目标市场，不能自主经营，不能刊登广告，不能自办发行，新闻传媒机构难以发挥自身活力。

2) 由于没有市场，不能获得销售收入，没有独立核算、自主经营的权利，新闻传媒机构完全依赖国家行政拨款，自身没有"造血"功能，因此，各新闻传媒机构自我发展的效能不可能得以实现。

3) 政府机关少数掌握权力的人完全控制了新闻传媒机构，因此，"唯长官意志是从"就成了新闻传媒机构必然的行为准则。在这样的局面下，新闻监督、新闻的公平正义基本无法体现。

4) 新闻传媒机构主要听从"长官意志"，没有来自市场的压力，不用担心被读者观众抛弃，因此，其缺乏面向普通大众做好新闻服务的基本动力，面向大众的服务功能受到压抑。针对上述情况，在改革开放的大潮中，对新闻传媒产业的基本管理模式进行变革便成了必然的选择。

2. 新闻传媒行业管理模式变革的"三权"管制

我国新闻传媒产业在管理模式方面的改革始于 20 世纪 70 年代末的广告刊播开禁，其后，部分媒体被批准试行"事业单位、企业化管理"；80 年代自办发行、多种经营开始在报业推行；90 年代初期党中央、国务院正式将广播电视业列入第三产业；90 年代中期都市报在全国兴起；90 年代后期各地报业集团和广电集团纷纷组建；90 年代末期至今开始资本运作。上述改革措施从总体上看主要是围绕"简政放权"、"放松管制"展开的，具体来说主要是放松与新闻媒体生产经营有关的"三权"管制。

(1) 对新闻传媒产业的生产经营权逐步放松了管制

首先是放松了生产原材料采购权管制，允许新闻传媒机构根据自己生产的需要采购生产原材料，如纸张、油墨、录音录像磁带等，不再由上级按计划调拨。其次是放松了生产资料(土地、厂房、机器、设备等)购置权管制，新闻传媒机构可以根据自己生产的需要自行添置各种生产资料(当然较大的建设项目仍须向计委报批)。再次是放松了对生产内容的管制。党委宣传部、新闻出版和广电行政管理部门只向各新闻传媒机构发出各种指导性意见,不再审批报纸的具体版面设置和电视的具体栏目,传媒可以根据市场需求自行设置和制作版面、节目。目前,对报纸刊登的内容和广电行业自行制作的节目仍然保留了事后审读和刊播前审查的权力。另外,放松了对新闻传媒机构生产形式、生产组织的管制,不再严格控制新闻传媒机构的内部机构设置,允许新闻传媒机构根据生产的需要自行设置内部组织。最后是放松了对新闻传媒机构内部财务核算的管制,允许各新闻传媒机构实行独立的财务核算。进入 20 世纪 90 年代末期,国家新闻管理部门又进一步出台政策,允许新闻传媒机构把经营性资产和编辑出版刊播业务分离开来,独立组建公司,改善内部经营管理。近期,又出台了允许新闻传媒机构跨媒体经营的政策,为媒体经营拓宽了道路。上述改革措施使我国新闻传媒机构在一定程度上成为一个独立的商品生产者。

(2) 对新闻传媒产业的产品销售权不再严格限制

首先是允许各媒体刊播广告。媒体刊播广告对报纸而言是销售版面,广播电视则是销售时段。其实质是销售媒体所拥有的读者、观众。其次是允许报纸自办发行,允许广电行业自己制作和销售生产节目,如电视剧、娱乐节目等。这实际上是开放了媒体的销售渠道。再次是开放价格管制,对报纸的销售价格和广播电视生产的节目,允许其根据市场情况自主确定销售价格。最后是开放地域权管制,对报纸不再限制其销售区域,对广电节目允许其向国际国内两个市场销售。上述种种权利的开放其实质是对新闻传媒机构产品的销售渠道、销售区域、销售方式、销售对象、销售价格、销售数量进行全方面开放,这使新闻媒体获得了自身的造血功能,同时也使自己拥有了真正的活力,使得大多数新闻传媒机构在国家大幅减少财政拨款,甚至完全"断奶"的情况下,能够依靠自己的产品从市场销售中获得经济收益,保持良好的发展势头。

(3) 政府逐步放松了对新闻传媒机构工作人员的进入调出、职务升迁、劳动报酬分配、福利待遇等各项权利的管制

除了高层管理人员仍然由上级机关任命以外,允许新闻传媒机构根据需求自

行决定员工的聘用、职务升迁、劳动报酬、福利待遇，促使新闻传媒机构能够有效地运用激励机制吸纳各种人才，实施奖惩分明的内部管理制度，调动了从业人员的积极性。

上述改革措施使我国新闻传媒机构在内部经营管理和外部面向市场方面表现出极大的活力，我国新闻传媒产业逐步走上了蓬勃发展的道路。

(二) 我国新闻传媒业管理模式的特点

当前我国新闻传媒产业管理模式的特点可以用"重点管理"来概括。即国家逐步放弃了对新闻传媒机构各个方面的权利都实行严格管制的政策，只对有可能影响新闻传媒机构性质的几项关键权利进行严格的重点管制。

1. 保留了对市场准入权的严格管制

目前，我国对新闻传媒行业仍然实行严格的市场准入管制。任何一家新闻传媒机构都必须有主管单位、主办单位、出版单位，形成三级管理体制。政府对新闻传媒机构的设立仍然实施严格的审批制度，不论是报纸、广播，还是电视台，都不允许国有单位以外的其他单位设立。政府实施严格地按计划审批制度，凡是没有经过批准的，均为非法机构，一律会受到严厉的惩处。

2. 保留了对产权的严格管制

首先是规定只有国有资本才能出资组建新闻传媒机构，严格禁止外部资本进入该领域。其次是对大多数新闻传媒机构实行事业单位管制，其身份是事业法人实体，不承认这些新闻传媒机构拥有独立的产权。最后是不允许事业法人实体的新闻传媒机构自行处置资产，严格禁止事业法人实体进行兼并收购、产权交易。

3. 保留了对新闻传媒机构产品内容进行审查的制度

对报社、杂志社、音响公司以及图书出版社实行事后审读制度，即适时审读其新出版的内容。对电影、电视剧、大型文化演出实行事前审查制度，没有通过审查的，一律不准上映、播出、上演。

第三节　新媒体文化产业管理问题

一、新媒体行业的特征

(一) 新媒体行业具有高渗透性

任何产业都不是孤立发展的，都与其他产业有一定的交叉渗透。传统的工业、农业和服务业都是独立性较强的产业，不同产业之间有一定程度的渗透，但总体来说较少，而且渗透也局限于部分产品的交叉利用和服务对象的部分重叠及由社会分工带来的相互之间的协作。新媒体行业则不然，由于网络经济存在于国民经济各部门的各种经济活动中，所以，新媒体行业的触角自然也就深入到国民经济各部门、各产业。

新媒体行业的高渗透性具体表现在以下两方面：一方面，新媒体行业内部各部门的相互渗透，如网络基础设施制造业与网络服务业的相互渗透，网络服务业内部基础层、服务层、终端层之间的渗透。产业内部各部门的渗透是社会化大分工的必然结果，但新媒体行业内部各部门的相互关系更加紧密、更加深入，相互之间的协作更加密切。另一方面，新媒体行业对其他产业的渗透。由于网络经济的巨大优越性，新媒体行业已渗透到社会的各行各业，新媒体行业对其他产业的渗透有两种途径。一种是新媒体行业提供的商品服务广泛地渗入到其他产业，使其他产业的产品中包含新媒体行业所创造的价值，如网络商业、网络金融业等；另一种是新媒体行业的部门作为其他产业的组成部门，不少企业都有自己的网络服务机构，而且这些网络服务机构还对外开展有偿服务，为企业创收。有些企业内部的网络机构所创造的价值并未单独计算，而是融入其他产业的产值中。

(二) 新媒体行业具有高增值性

增值是从产业的产出与投入之比来衡量的，高增值表示一个产业能以较低的投入获得较高的产出，产出与投入之比较大。在传统的工业、农业和服务业中，投入与产出之比相对较低，产品附加值不大。这是因为物质产品的生产是消耗性的，而且随着物质资源的不断开发与利用，物质资源的开发成本也在逐渐提高，从而导致物质生产行业的物质和能源投入费用的提高。另外，物质产品生产中的劳动力主要以体力劳动为主，体力劳动效率较低，也会导致物质产品生产中可变成本提高，新增加值较少。新媒体行业的高增值性主要取决于新媒体行业生产过程中的低消耗、高产出和高附加值。一方面，在新媒体行业的生产过程中，大量运用的是新技术和新知识，直接或间接地减少了生产中的物质与能源消耗，而且投入的技术和知识这些信息资源都是非消耗性质的，成本比较低。另一方面，新媒体行业生产过程中的劳动主要以智力劳动为主。智力劳动是一种高效率、高效益的劳动，有些智力劳动在短期内能创造超过其本身价值许多的价值。另外，新媒体行业的高增值性还取决于网络经济的直接性和无中介特性，生产、经营成本相对较低，体现出高效率、高效益、高增值的特点。

另外，新媒体行业还是高智力型产业，这从它聚集了全世界大量优秀人才和高新技术就可看出；新媒体行业同时也是高风险型产业，这从纳斯达克指数和网络股的狂涨与暴跌就可看出。

总之，新媒体行业是一个新兴产业，有着强劲的生命力和美好的前景。新媒体行业发展十分迅速，据统计，美国与互联网有关的企业创造的产值已超过了绝大部分传统产业的规模，世界其他国家的情况也基本类似，由此可以看出新媒体行业良好的发展前景。

二、我国新媒体行业的发展现状

从世界范围看，互联网正以活跃的姿态和快速的步伐跻身于报刊、广播、电视等主流媒体之列，有"第四媒体"之称。几乎所有触及互联网络的人，都直觉地发现自己接触的不仅是网络技术，而是一种以信息、比特为标识的崭新的生活方式与文化现象。正如梅洛庞蒂所描述的那样，当今信息时代是"比特对原子的节节胜利"，"计算不再只和计算机有关，它将决定我们的生存"。互联网的繁荣，提供了人机沟通、人机交流、人机互动的科学与文化的舞台，让人们超越时空在网上相逢，互联网不仅创造着日新月异的技术，同时创造着富有人性魅力的数字化生存方式：电子信息网络正以惊人的速度发展并对人们的生产方式、生活方式和思维方式产生巨大而深远的影响。

互联网对于中国的文化产业有着重要意义。首先，互联网成为文化产业内容的发源地。随着 Web 2.0 概念的盛行，互联网为"草根"的原创内容提供了广阔的舞台、低门槛及方便的上网条件，使每个人都可以轻松地将自己的创意展示给大众。而博客、播客、个人空间、文学原创、Flash 等互联网服务平台，不但聚集了具有创意头脑的人群，同时又为他们提供了交流和相互促进的条件。其次，互联网成为文化产业内容的试验场。把一个概念、一个创意，变成一个产品乃至一系列产品需要投入大量的成本，而大投入后是否可以被广大消费者接受，创造期望的商业价值，又成为投资者面临的一个巨大的风险。有了互联网的存在，目前这些风险都好像被降低了很多。一个创意如果能够在互联网展示中被大众广泛地接受，被不断地传播，并创造点击纪录，那么投资商的风险就会大大减少。例如，出版企业正在把网络展示当成图书出版的指引，如果一本小说的网民反应激烈，那么大量出版就有了非常好的市场基础，投资风险可以降到很低。最后，互联网为文化产业提供有效的销售渠道：文化产业下的各个行业和领域都有自己垂直的发行、销售渠道，而互联网则为这些不同的领域带来了一个共有的发行或者销售渠道。同时，这个渠道的作用被不断地放大，越来越多的消费者通过这个渠道接受提供的服务，如音乐、图书、影视等。这样的一个渠道既可以提高销售的速度，缩短周期，又可以降低渠道成本。互联网的快速发展将会极大地促进中国文化产业的发展，而文化产业也将促进互联网的应用普及和价值创造能力。

根据中国互联网络信息中心数据，截至 2015 年年底，我国网民数已达 6.7 亿，其中网络音乐用户 5 亿，网络视频用户 5 亿，网络游戏用户 3.9 亿，网络文学用户 2.9 亿。网络游戏产业连续 8 年以每年约 30% 的速度增长，其中我国自主研发的网络游戏产品占 70% 以上。2018 年初，我国网民数量已达 7.72 亿。网络文化创作生产高度活跃。我国网络文化自主创作、自主研发的能力长足进步；网络文化作品数量急剧增长；网络文化人才不断涌现，网络文化正在成为聚集优秀文化人才的新高地。一些国产网络文化产品，已经出口到世界上大多数国家和地区，出口额连年递增。网络文化正在成为扩大对外文化交流，展示我国文化软实力的重要力量。

三、新媒体行业的监管

（一）新媒体行业监管的主体

监管主体可以定义为参与到互联网内容监管的计划、组织、执行、监控等一系列政策过程中的政府部门或民间组织，这些主体通过相关政策文件明确自己在网络内容监管体制中的地位和作用。结合中国互联网管理的现实环境看，监管主体以政府监管部门等体制内的机构为主，以来自行业或民间组织的体制外机构为辅。

我国互联网监管事务多样，监管主体的分布也分散而复杂。由于内容监管是整个国家网络监管行动中的一种功能，那么内容监管主体也不应理解为专门对网络信息内容进行管治的单独部门，而是可以行使内容监管职能的，针对多种网络监管问题开展工作的监管机构的集合。

2000 年国务院颁布的《互联网信息服务管理办法》中第十八条规定："国务院信息产业主管部门和省、自治区、直辖市电信管理机构，依法对互联网信息服务实施监督管理。新闻、出版、教育、卫生、药品监督管理、工商行政管理和公安、国家安全等有关主管部门，在各自职责范围内依法对互联网信息内容实施监督管理"。第二十四条规定："互联网信息服务提供者在其业务活动中，违反其他法律、法规的，由新闻、出版、教育、卫生、药品监督管理和工商行政管理等有关主管部门依照有关法律、法规的规定处罚。"从中可见中国网络监管在宏观上实行分级和属地管理，同时在具体的微观监管活动中，各个政府部门分工承担对应的监管职责。

网吧曾经是我国网民获取网络接入和信息服务的主要途径。2000—2008 年，特别是 2004 年前后，针对网吧服务和经营行为的监管是我国网络内容监管工作的重点。2004 年国务院发布《关于开展网吧等互联网上网服务营业场所专项整治意见的通知》国办发[2004]19 号。其中有内容涉及多个监管部门联合对网吧开展专项整治和日常监管工作的分工职责，从这些规定可以发现，多部门协同配合是网吧监管的重要特色。各个部门的分工和职责在以往工作的基础上得到了进一步明确和加强。

2006 年中共中央宣传部、信息产业部、国新办等 16 个国家部委联合组成了"全国互联网站管理工作协调小组"，并颁布了《互联网站管理协调工作方案》信部联电[2006]121 号。该文件明确了与互联网站监督管理相关部门的类型、职责和工作协调制度。该政策是本研究采纳的网络信息内容监管政策法规数据集中联合发布单位数量最多的一个，标志着互联网监管工作的复杂和对协同配合的需要。特别是首次将不同机构根据监管职责划分类别具有重要启发意义。同一个部门可能属于不同的类别，表明一个监管机构可能担负多种监管职能。这既反映了监管工作对部门合力的需要，也说明一些工作可能存在职能重叠、重复安排等潜在问题。

2011 年 5 月，国务院办公厅设立了国家互联网信息办公室。该办公室在原国务院新闻办公室的机构基础上加挂国信办的牌子，以较高的行政级别对我国互联网信息内容进行监督管理、政策落实、文化建设、运营监管等多种工作。从此我国的互联网络信息内容管理有了专职的领导协调机构。

从以上相关监管政策中对网络信息内容监管机构的规定和国信办成立的事实来看，我国互联网内容监管主体数量逐渐增多，职能逐渐明晰专业，并伴随着网络发展监管的范畴表现出扩张深化的趋势。但几条监管政策中已经列举的监管机构范围仍然模糊，并不能全面代表参与网络内容监管工作的多种类型的监管主体。

(二) 新媒体行业监管面临的挑战

1. 全球化的影响

加入 WTO 之后，全球化对中国的影响越发广泛和深远，它对我国互联网监管带来的挑战是：外国媒体集团纷纷开拓中国市场，涉及电影、电视、广播、报刊、图书、网络等众多传媒领域，对互联网媒体尤其青睐，通过购买股权等不同的方式试图争夺我国互联网业发展的主导权。另外，以美国为首的西方发达国家除了在谋求政治、经济、军事领域的利益和主导权之外，同时还将文化战略作为国家战略之一。如何在文化跨境传播中维护我国国家安全、抵御文化侵略是我国互联网监管中的重要课题。

2．技术进步带来的冲击

互联网技术的不断进步使得信息生产和传播方式出现巨大变革。它给社会管理带来了一定难度。互联网传播使得原本的单向传播变成双向的、互动传播，导致信息传播不断地延伸、扩大。例如，网民在互联网上阅读新闻，在接收信息的同时，可以通过发帖、跟帖等形式即时发表观点，放大了信息含量，延伸了信息内容，这种特征导致互联网天然地具有了即时动员、组织、发动群体事件的功能，给社会安全管理增加了难度。在近年来的一些群体性事件中，可以看到互联网所发挥的巨大作用。此外，互联网传播挑战政府舆论引导能力。与传统媒体不同，互联网传播往往具有匿名、非公开的特点，从心理学和传播学的角度看，非公开状态下人更容易表现出非理性的特点，再加上当前互联网的使用者多为青年人，更容易在网络等媒体发出过于情绪化、非理性的声音，互联网容易成为各种社会情绪的宣泄口，也更容易产生负面情绪。同时，由于互联网目前缺乏像传统媒体长期以来形成的审核机制，也易成为谣言、虚假信息等产生的摇篮，并且由于其传播速度快，易使这类信息快速蔓延至各个领域。

3．政府管理面临困境

互联网对政府管理来说，是一把双刃剑：一方面，互联网提升了信息传播的效率，也为提升政府与民众的沟通创造了条件；另一方面，互联网也对政府的权威和公信力带　来了挑战。一是民众获取信息的渠道增加，挑战政府权威。二是政府信息公开不到位，与民众沟通效率低下。三是互联网时代公众的权利意识得到增强。四是互联网时代舆论危机更易爆发。此外，互联网时代，扁平的、非线性的网络传播关系是滋生谣言的"温床"。海量信息的传播使得辨真去伪的成本太大，因此，网络传播引发舆论危机的燃点远比传统媒体低。

(三) 新媒体行业网监管的维度

1. 法律维度

中国政府始终重视强调"依法"监管互联网。从中国互联网建设发展的早期，有关监管法规便已经开始出现，而且伴随着网络发展逐渐涉及深入到监管活动的方方面面。

在网络发展的早期，政策法规首先确定国际联网计算机必须向政府机关备案，并使用国家部委提供并管理的国际出入口信道。这是一种非常重要管控手段，通过确定国际联网网关，为网络信息流的监控提供了可能。多种禁止传播的违法信息也通过政策法规的形式被确定下来：这些定义虽然类型全面，但表达却难免模糊，这就给监管方在监管实践中预留了很大的自由裁量的权力空间。

2000 年发布的《互联网信息服务管理办法》中华人民共和国国务院令(第 292号)总结了之前我国网络发展和管理的经验，以制度化的形式规定了经营互联网信息服务的备案和许可制度。开办电子公告等内容服务的申请和专项备案制度；强调互联网信息服务提供商需要对所提供信息内容负责，要求其记录用户上网时间、账号等基本信息，并有责任举报违法信息内容；同时还明确了违反规定需要承担的吊销执照、关停服务、罚款以及其他行政和刑事处罚。要求网络服务提供商对信息内容负责是一个十分重要也特殊的监管办法。以经营许可相激励，以吊销执照相威慑，可以有效创造出一个人人自我监管自我审查的氛围。

同样在 2000 年，一系列与网络信息内容服务相关的管理办法被制定颁布，其中比较重要的监管措施有禁止网络新闻提供者采编新闻，而只能转载由新闻主管部门审核过的新闻媒体发布的新闻；禁止外资单独开办电子公告服务类型的互联网内容服务。在这些有关信息服务的重要规定之后，我国网络内容监管政策法规逐渐转向对各种专项信息内容的关注。比如 2006 年信息产业部颁布的《互联网电子邮件服务管理办法》中华人民共和国信息产业部令(第 38 号)，2009 年卫生部颁布的《互联网医疗保健信息服务管理办法》，2010 年文化部颁布的《网络游戏管理暂行办法》文化部令(第 49 号)等，这些法律法规从不同侧面切入对多种类型的网络信息内容做出综合管理。

2. 市场维度

开办互联网国际互联或者信息服务必须到电信管理部门申请、备案、审批。这是一种对市场经营者的监管。随着网络的发展，网吧一度成为互联网信息服务市场的重要载体。中国网络监管方要求运营包括网吧在内的网络服务需要办理经营许可证，并实名登记网吧从业者和上网用户，网吧内电脑必须安装有信息过滤软件，对用户行为监控并记录用户身份 60 天以备公安机关查阅。网吧经营许可证并不容易获得，而且其经营受到至少三个部门监管，其中任何一个都有权勒令违规网吧关停，并进一步追究行政、法律责任。对互联网企业，特别是海外网络企业，中国监管方也有独到的监管办法。以国内市场为条件，要求参与中国市场的国外企业必须服从中国法律法规对信息传播和内容的要求才能得到执照。这就为这些企业配合监管或开展自我审查提供了限制条件。这体现在 2001 年中国互联网协会发布的《中国互联网行业自律公约》上。在随后的几年中，包括一些海外大型网络企业在内的数百家互联网企业都签署了该公约成为网络自律的倡导者。特别是博客兴起后，中国政府将绝大部分的博客内容审查转交给博客服务提供商负责，且从 2006 年开始，根据中国互联网协会的倡议，博客服务提供商开始要求博客用户使用真实身份开通博客。类似的实名制要求也在微博客兴起后由地方政府提出过。

在要求企业自我审查的监管实践中，政府似乎倾向于先让服务提供商自行决定信息内容的门槛，而后通过不同的办法审核监测网络信息服务提供商自我审查的效果，如果发现违规内容就电话通知或警告其哪些内容违规，限期改正，否则网站就会受到诸如停止域名解析或关闭服务器的处罚。但是内容合适与否却往往缺乏明确的标准，不同互联网公司对内容审核的力度也不同，这迫使互联网企业雇用大量员工来对自己运营的信息服务进行审查。同时，企业还需要有专门工作人员全天不间断准备接听来自政府监管部门的警告电话。这种通过行政手段干预市场的行为，直接控制网络企业的活动，并最终间接影响这些企业服务对象，即网络用户的行动。

从发达国家的经验来看，鼓励更多的行业组织、非营利组织发展，是完善互联网监管的重要方式。其实，近年来我国在互联网行业自律方面也做了许多努力并取得一定成效。各地也涌现出了一大批互联网行业协会，如北京互联网协会、上海互联网行业协会。2011年，经民政部批准中国网络视听节目服务协会在北京成立，中国新闻网等78家机构当选为协会第一届理事会单位。对于互联网行业自身来说，更应该秉持更开放的态度和理念，推动各类行业组织的建立，在推动行业内对国家法律、法规、政策遵守和贯彻的同时，加强行业规则的建立，约束自身行为。此外，在推进互联网行业信用建设方面，还可以通过对网络及互联网企业进行信用等级评定，建立信用档案，约束企业行为。

3．社会规范维度

除了调动网络行业从业者的积极性促进行业自律外，还应积极发挥网民的作用，一方面，要对网民进行正面引导，提倡网民自律，加强网络文明、网络诚信建设，文明上网，从源头上保证网络良性发展；另一方面要积极发挥公众的监督作用，让网民参与到网络监管中来，一旦出现违法和不良信息，应及时举报，并通过各种渠道参与到网络的治理中来。

在社会规范维度下，最突出的监管行为就是所谓的"戒除网瘾"行动。通过强调宣传过度浏览网页和网络游戏可能对青少年身心健康产生的不利影响，使得网络内容和游戏内容的管制行为得到舆论支持。此类行动2004年以后出现，几乎伴随了中国网络游戏发展的全过程。在这些监管活动中，很多社会力量，比如学生家长，被调动起来参与到戒除网瘾的方法研讨甚至软件开发当中。以此类行动为契机，2009年还掀起反对互联网低俗之风的整治行动。该行动同样是以棘手的社会问题为对象，以社会公共道德秩序为准绳开展的监管。但是在实际监管实践中，也有不少政治异见网站被关停，使得行动成为更深层意义上的互联网内容管制活动。与此类似的还有网络民族主义情绪的助长和泛滥。有学者认为，通过将政治异见与破坏领土完整分裂国家的势力捆绑起来，调动公众的情绪，引导社会舆论，可以使得对网络上政治异见内容的阻挡过滤得到社会认可。网络发展给社会带来一些开放性和公共讨论的空间，这也使得一些管理问题得到公众关注。

4. 技术维度

技术角度是中国互联网内容监管方式研究的重要出发点。首先的重要监管手段就是网络信息过滤。中国拥有完备的网络信息过滤系统,其实现于经政府批准的国际互联网信息接入提供商:正是这些接入提供商与国有骨干网络合作使得中国本地的互联网能够接入到国际互联网来组织对特定 IP 地址、域名或特定信息内容的访问。这一服务器端的过滤体系被戏称为中国防火长城或中国国家防火墙,规避这种过滤和阻止的行为也被称为"翻墙"。非法的 IP 地址和域名事先已经被相关的监管主体确定。任何尝试访问这些域名和地址的信息请求都会被防火长城拒绝。在其中,数据包会被检查以确定其是否符合中国政府过滤系统的要求。如果不符要求的信息被发现,三个 TCP 协议数据重置包会生成并从路由器发送给目的端口。一旦入侵检测系统发现了需要阻止的访问行为,它只需要给路由发出一个取消指令就行,甚至无须发送重置命令。将这种入侵检测系统成规模地应用可以有效地降低探测成本,所以中国国家防火墙设置了大量的这种系统。一旦发生了阻止,访问就会被搁置较长时间,而用户尝试再次访问的话也会被立即阻止。

除了过滤体系,对已有信息内容的审查也是重要的技术架构工作。由于当前大量的审查工作主要是外包给互联网企业的,不同企业往往采取不同的审查手段,但大都依托关键词屏蔽的办法。如果确定某些关键词需要被删除,这些词就会被插入到监测和过滤软件供多个服务提供商知悉分享,这样就能阻止用户发出一些内容或将特定内容标识出来提供人工进行再判断。

第四节 其他文化产业管理问题研究

一、文化艺术业管理问题

(一) 我国文化艺术产业发展的现状

随着我国文化事业的不断进步,文化艺术产业也得到了较大的发展,但同我国目前经济发展水平相比较，仍然有很大的发展潜力，同发达国家相比，则处于相对较低的水平。具体来讲，其发展现状主要表现在以下几个方面。

1. 展速度较快、总量较大

总体上来讲，相对于我国逐渐步入高总量低增长新常态的经济态势来说，文化艺术产业是发展速度较快的少有的亮点，而且经过多年的发展，其总量也达到了一定的规模。据统计(数据来源：国家统计局网站)，2017 年我国文化产业整体实现增加值达到了 25 829 亿人民币，相较于 2016 年增长了 21%，比同期国民生产总值增长速度要快 2.3%。而且，其占国民生产总值的比重也持续增加，2017 年达到了国民生产总值的 3.82%，在 2013 年的基础上成长了 0.19%。文化艺术产业以超过国民生产总值的速度增长，其对国民经济所做的贡献以及重要性必然日益增长，逐渐成长为我国经济健康成长的支柱产业之一。

2. 投资消费增长强劲、发展潜力巨大

我国文化艺术产业近年来的较快增长并不是昙花一现，其背后有着增长速度更快的社会投资和居民消费的坚实支撑。据统计，我国近几年来文化艺术产业的投资和消费增长的速度都超过了社会的平均增长速度，其占社会总投资和居民总消费的比例也高于文化艺术产业增加值占国民生产总值的比例。据统计，2017 年，我国在文化产业领域的固定资产投资额达到 28 898 亿人民币，已经高于同年整个文化产业的增加值，2014—2017 年，文化产业固定资产投资增长速度达到了 22.7%，远高于全社会固定资产投资 14.5%的增长水平。其占全社会固定资产投资总额的比重也在 2014 的基础上增加了 0.97 %，达到了 5.14%。在文化艺术产业固定资产投资额高速增长的同时，全国居民在文化娱乐方面的消费支出增长速度也大大超过了同期居民全部消费支出的增长速度。统计数字显示，2017 年我国人均用于文化娱乐方面的消费达到了 760.1 元，相较于 2015 年增加了 31.8%，年均增速达到了 14.8%，远远超过同其居民人均全部消费额 9%的增长速度。与此相对应，其占居民全部消费额的比例也在 2013 年的基础上增加了 0.4%，达到了 4.8%。从上述数据可以看出，我国文化艺术产业当前的较快增长的根本原因在于投资和消费同时高速增长所带来的拉动效应。随着我国逐渐将文化艺术产业作为国民经济

发展的重要方向之一，投资和消费强劲增长的势头会进一步持续，从而带动文化艺术产业继续保持较高的速度不断增长。对照一般发达国家文化产业占国民生产总值比重 10%以上的比例，我国仅占国民生产总值不到 4%的文化产业还有着巨大的发展空间。随着我国经济的继续增长和人民生活条件的改善，我国居民对十文化娱乐的需求必然日益增加，文化艺术发展的巨大潜力必将逐渐成为现实，在可见的未来持续保持较快增长的势头。

3. 总体发展水平不高

我国文化艺术产业虽然已经具备了一定的规模，而且有着非常广阔的发展前景，但从其占国民生产总值的比例不到发达国家平均水平一半的事实即可以看出，其总体水平依然不高，尚需较长时间的发展才能达到发达国家的平均水平。这种总体发展水平不高的现状主要表现在以下两个方面。一方面，我国的文化艺术产品一般创新程度不高，大部分都是模仿发达国家的创意设计，或者在其上进行简单的修改，缺少市场潜力巨大的原创作品。由于文化艺术产业的利润在很大程度上依赖于设计和写作上的各种为公众喜闻乐见的创意，较低的创新程度必然造成低水平的产能扩张，进一步加剧目前国民经济整体上供给过剩的矛盾，对文化艺术产业的可持续发展带来严重的威胁。另一方面，我国的文化艺术产业总体科技含量低。到目前为止，文化艺术产业的主力依然是传统上的出版发行、影视制作以及文艺演出等，而游戏动漫、数字出版、移动多媒体等高科技含量的文化艺术产业虽然近年来也得到了一定程度的发展，但其占文化艺术产业总量的比例依然不高。由于高新技术代表着包括文化艺术产业在内的整个国民经济发展的未来，文化艺术产业技术含量偏低的现状必然在一定程度上对其可持续发展带来较大的阻碍。

4. 发展水平不平衡

同我国地区发展不平衡，城乡发展不平衡以及处于产业转型期的现状相对应，我国的文化艺术产业也呈现出相应的发展水平不平衡的现象。这种不平衡主要表现在以下三个方面。第一，地区发展不平衡。与我国国民经济发展存在的地域差异相对应，文化艺术产业在发展过程中也存在着明显的地区不平衡。虽然由于发展阶段的不同，东部地区文化艺术产业固定资产投资的增长速度已经被中西部赶上并超过，但其所占比重仍然达到了文化艺术产业的将近一半，为 43.5％，远高于中部的28.2％和西部的 22.1％。由于固定资产投资在很大程度上代表着未来一段时间的新增产能，因此东部地区的优势还会长期存在，短期内甚至有继续扩大的可能。第二，城乡差别巨大。同地区发展不平衡相比，中国国民经济发展存在更大的问题是城乡发展的不平衡。与此相对应，我国的文化艺术产业在城乡两者之间亦呈现出巨大差别。据统计，2017 年我国人均文化娱乐消费额为 760.1 元，但城镇居民却高达 1 216.1元，农村居民仅为 239 元。农村居民人均文化娱乐消费不足全国平均值的三分之一、城镇居民的五分之一。我国文化艺术产业占国民生产总值比例远低于发达国家的根本原因之一，即广阔的农村在文化艺术产业方面消费水平的低下。第三，产业结构不平衡。与我国文化艺术产业总体水平不高相对应，其产业结构呈现出明显的不平衡的现象。总体上来讲，我国文化艺术产业中新兴的互联网文化信息服务业以及文化创意产业虽然保持着高速增长的势头，且其占文化艺术产业总量的比例日益扩大，但其在整个文化产业中仍只占据了较小的份额。统计数据显示(数据来源：国家统计局网站)，2017 年，我国文化艺术产业中仅传统的出版发行行业即实现营业收入 21 449.4 亿人民币，占文化产业 73 690. 9 亿元总营业收入的将近 30%。而截至 2014 年年底，作为科技含量较高的以互联网技术为依托的文化信息传输服务业增加值为 2 429 亿元，仅占文化产业比重的十分之一强，而需要较高创新能力的文化创意和涉及服务业增加值为 4 107 亿元，比重不到文化产业比重的五分之一。作为未来文化艺术产业发展方向的高科技含量和高创新水平代表的两者相加，其占文化产业的总比重还比不过传统的出版发行行业。从经济学的角度，无论是地区，还是城乡和产业结构上不平衡现象的存在，都会在很大程度上造成我国文化艺术产业资源配置上的不合理，从而对其可持续发展带来相应的负面影响。

(二) 我国文化艺术产业发展的优化路径

要使我国文化艺术产业在低经济增长率的新常态下继续保持目前高速发展的良好势头，必须创新思路、多措并举，对其未来的发展路径进行优化完善。

1. 进一步深化体制改革

文化艺术产业体制的落后,其最直接的表现是相应企业的管理能力低下,从而造成资源配置无效率,从而对其可持续发展造成全面的损害。因此,必须在近年来引进市场机制的基础上,对其进一步深化体制改革。具体措施主要包括三个方面。首先,有必要明确行政管理机关同文化艺术产业单位之间的关系。其只应当是行政监管和被监管的关系,这种监管只能在法律规定的范围内,而不应当直接干涉企业的日常经营。使企业能真正按照自己的意志参与市场竞争,逐步完成相应的市场化改造。其次,打破文化市场的条块分割。文化市场按照行政地域和行业的不同进行的条块分割直接造成了相关企业在当地市场的垄断地位,导致市场机制运作的失灵。因此,有必要通过鼓励不同行政区域和不同行业的文化艺术产业单位通过合并或联盟的方式,打破条块分割造成的垄断,形成全国性的统一大市场,充分发挥市场机制优化资源配置的作用。最后,充分发挥行政管理机关的协调作用。深化体制改革并不是尽可能割裂文化艺术产业单位同行政管理机关之间存在的各种关系,而是在明确其各自的职责和分上的基础上建立新的行政管理和被管理的关系。事实上,打破文化市场的条块分割,以及相应企业在此基础上做大做强等,都可能会对原有的不同地域之间的利益分配格局造成影响。由于行政管理机关在信息和资源上相对于一般文化艺术产业单位所具有的优势,其在协调不同地域和不同行业的企业同企业,或企业同其他行政机关的关系时具有天然的优势,充分发挥其此方面的优势,对深化体制改革过程中文化艺术产业的顺利发展具有重要的促进作用。

2. 引进社会资金、拓宽融资渠道

在我国经济增长率逐渐走低的情况下,文化艺术产业要想长期保持目前高速发展的势头,并最终成为国民经济的支柱产业之一,就必须进一步加大投资力度。然而,目前文化艺术产业投资对政府资金的过度依赖,以及国家政策对相应的融资渠道的限制,极大地制约了文化艺术产业的进一步发展。因此,有必要在深化体制改革的基础上,通过大力引进社会资金、拓展融资渠道的方式,解决其发展资金不足的问题。具体可以采取如下措施:首先,适当放开对新闻媒体等文化艺术产业的股权性质的限制，允许一定比例的民间资本对其进行投资，利用社会资本推动其更快更好地成长。其次，适当降低文化艺术产业企业股票上市和发行债券的门槛。文化艺术产业作为国家大力鼓励和扶持的未来支柱产业，有必要对其在股票上市和发行债券等现代社会主流的融资渠道方面实行必要的政策倾斜，使其能更好地利用股票上市和发行债券等方式募集到其维持高速增长必需的社会资金。最后，成立文化艺术产业发展基金。该基金不仅对产业内的中小企业提供优惠贷款，而且为重大的文化艺术发展项目提供融资担保，进一步增强中小企业以及重大项目的融资能力。为了确保该基金能真正贯彻国家对文化艺术产业发展扶持的政策，基金的来源应当以政府出资为主，适当允许民间资本进入。

3. 加大对特色文化艺术资源的开发力度

要改变我国文化艺术产业发展中存在的地域不平衡和城乡不平衡的现状，就必须充分发挥中西部和广大农村所拥有的特色文化艺术资源方面的优势，加大对其的开发力度，带动中西部和广大农村文化艺术产业的全面发展，达到逐步缩小同东部和城镇地区存在差距的目的。这种开发主要分为以下几个方面。首先，结合国家对非物质文化遗产保护的措施，加强对相应的特色文化艺术资源的保护，并通过国家鼓励和引导、以社会资本为主的方式，加大对相应的特色文化艺术资源进入现代市场的研究和开发，使相应的特色文化艺术资源具备长期存在并适应现代社会的能力，从根本上保证对其持续开发的可能。其次，加大对特色文化艺术旅游和创意产品的市场开拓的投入，通过旅游的发展宣传相应的特色文化艺术产品，通过市场上广泛流通的特色文化艺术产品吸引游客，两者齐头并进，共同发展和促进，最大程度发挥我国传统文化和少数民族文化艺术资源所具有的旅游和创意设计方面的价值。最后，加大对特色文化艺术资源的政策扶持力度。在税收、融资等方面实行相应的政策倾斜，增加与特色文化艺术资源开发有关的大学与专业学位的设置，并积极通过政府掌握的各种渠道对其开发进行宣传，从资金、人才以及市场宣传等方面为特色文化艺术资源的深入开发提供必要的保障。

4. 建立负责文化艺术产业发展规划的与门机构

针对文化艺术产业发展过程中存在的缺乏整体规划，从而造成相关资源不能有效配置，阻碍文化艺术产业进一步发展的问题，有必要成立负责其发展规划的专门机构。由于文化艺术产业的整合涉及行政管理和市场运作之间，以及不同行业和地域之间的复杂的协调和管理，必须以政府机构实施管理，可以考虑在各级政府中，成立专门的文化产业发展规划办公室，负责对本行政区域的文化艺术产业的整合进行具体的规划并监督实施，并负责本行政区域内及区域外的相关事宜协调。具体的职责可以包括以下几方面。首先，负责对不同的文化艺术行业进行整合，推进出版发行、广播电视、文艺演出等传统文化艺术单位同互联网文化信息传输和创意产业等新兴文化艺术企业之间的合作和融合。通过传统行业雄厚的资金和成熟的市场网络促进新兴产业的加速成长，通过新兴产业的快速发展促进传统行业的转型，为其提供进一步发展的新的经济增长点，充分发挥其优势互补的作用。其次，通过对全国文化艺术产业发展的统一规划和实施，打破之前存在的不同行业和地域间的条块分割，促进文化艺术产业统一大市场的形成。再次，负责对特色文化艺术资源开发的规划和协调。通过对本行政区域的特色文化艺术资源的调查和研究，加大招商引资的力度，并对相应的社会资本进行积极引导，成立以相应的特色文化艺术为中心，集特色文化艺术资源的保护和研发、旅游和创意产品设计于一体，并以其命名的综合开发企业，充分发挥特色文化艺术资源所具有的多方面的价值。

二、文化信息传输业管理问题

(一) 文化信息传输行业概况

文化信息传输业包括互联网信息服务、增值电信服务(文化部分)和广播电视传输服务等三个子行业、五个子领域。在国家"宽带中国"战略及第三代移动通信技术深入建设的支持下，文化信息传输业持续向好发展。

（二）文化信息传输行业主要投资政策分析

1．实施"宽带中国"战略，综合利用社会资本投资、财政支持和税收优惠等方式，大力推动行业技术升级

2013 年发布的《"宽带中国"战略及实施方案》制定了至 2020 年网络信息技术发展的目标，从加快宽带网络优化升级、提高宽带网络应用水平、促进宽带网络产业链不断完善、增强宽带网络安全保障能力等方面提出了区域协调、民生、文化、国防等领域的技术方向；在文化信息传输产业上，要求积极利用各类社会资本，统筹有线、无线技术加快宽带接入网建设；加快下一代广播电视网宽带接入网络的建设，加快无线局域网重要公共区域热点覆盖和推进地面广播电视数字化进程。同时明确提出加大财政资金支持、加强税收优惠扶持、完善投融资政策、积极利用各类社会资本。

2．增加财政投资和补贴，推进文化信息资源共享，为文化信息共享搭建平台

文化部 2013 年 1 月 30 日发布了《全国文化信息资源共享工程"十二五"规划纲要》，提出在巩固完善资源共享的网络基础上，搭建文化信息平台，主要的投资政策和措施包括：第一，积极争取中央财政投入，对文化共享工程运行保障、六级网络体系建设、资源建设、技术平台建设等给予经费支持，保障工程各项工作的顺利实施。第二，通过补贴机制和奖励机制，对开展文化共享工程公益性服务和工作成绩突出的地区和单位予以补贴和奖励，调动各地工作的积极性。

3．投资政策分析文化

信息传输行业的发展，必须要依赖信息传输技术的投入、发展和革新，同时需要大力推进文化资源的数字化。在 2013 年文化信息传输行业的投资政策中，国家将投资重点放在信息传输技术方面，意在扩大文化信息传输的容量、便利文化资源的交互与交换。由于文化信息传输行业的跨行业配合的特性，需要涉及的相关管理部门在出台投资政策时，既要以技术发展为基础，也要兼顾文化信息传输内容数字化升级和内容的制作，这使得政策的行业适用性进一步提高。

三、文化创意产业管理问题

(一) 文化创意产业内涵

文化创意产业(Cultural and Creative Industries)，是一种在经济全球化背景下产生的以创造力为核心的新兴产业，强调一种主体文化或文化因素依靠个人(团队)通过技术、创意和产业化的方式开发、营销知识产权的行业。

文化创意产业主要包括广播影视、动漫、音像、传媒、视觉艺术、表演艺术、工艺与设计、雕塑、环境艺术、广告装潢、服装设计、软件和计算机服务等方面的创意群体。中国近几年在文化艺术市场蓬勃、公共展演场地加大建设(如国家大剧院、798 艺术区)等，除在既有制造业的优势下寻找出路外，也开始重视文化创意产业的发展。

近年来，"文化产业""文化创意产业"话题非常热，更多的时候大家的讨论都停留在概念层面，到底"文化创意产业"或者"文化产业"是什么，国内理论界众多学者围绕文化创意产业的不同侧面提出了各种说法。有人认为文化产业主要是创造出一些能够吸引人眼球的文化产品，如电视节目、影像制品等，因此称之为"眼球经济"。有人认为文化创意产业竞争主要是围绕如何争夺受众的注意力，并围绕受众的注意力展开多种经济附加值服务，因此称之为"注意力经济"。也有人根据伴随中国汽车数量急遽增长而出现的交通广播类节目盈利模式提出了"耳朵经济"的概念，这些说法都不全面，都没有点出文化创意产业的核心本质。

在发达国家，不管它叫"文化产业"或者叫"创意产业"，这个行业本身发展的历史已经比较漫长。称"创意产业"的有英国、韩国。欧洲其他国家有人称之为"文化产业"。在美国没有"文化创意产业"的概念。美国是一个高度法治的国家，一切创造力产生的产品都是有知识产权的，比如绘画、歌曲、舞蹈、电视节目、广播节目都是有版权的，未经授权其他人不能抄袭。因此他们把相关行业基本叫做"版权产业"。由此看来，在发达国家文化创意产业的概念叫法也不完全一样。

实际上这个产业最核心的东西就是"创造力"。也就是说，文化创意产业的核心其实就在于人的创造力以及最大限度地发挥人的创造力。"创意"是产生新事物的能力，这些创意必须是独特的、原创的以及有意义的。在"内容为王"的时代，无论是电视影像这样的传统媒介产品，还是数码动漫等新兴产业，所有资本运作的基础就是优良的产品，而在竞争中脱颖而出的优良产品恰恰来源于人的丰富的创造力。因此文化创意产业其本质就是一种"创意经济"，其核心竞争力就是人自身的创造力。由原创激发的"差异"和"个性"是"文化创意产业"的根基和生命。

阿特金森(Atkinson)和科特(Court)1998年明确指出，新经济就是知识经济，而创意经济则是知识经济的核心和动力。美国人已经发出"资本的时代已经过去，创意的时代已经来临"的宣言。

"创意"或者"创造力"包括两个方面。第一是"原创"，这个东西是前人和其他人没有的，完全是自己首创的，比如京剧、昆曲、武术就属于中国原创。第二就是"创新"，它的意义在于虽然是别人首先创造的，但将它进一步地改造，形成一个新的东西，就可以给人新的感觉。电影《卧虎藏龙》就是一个采用西方化的艺术表达方式来包装中国内核的故事，属于一个创新过程而不是原创。对于创造力来说可以有原创也有创新。比如广州军区杂技团利用杂技的形式重排西方经典芭蕾舞剧《天鹅湖》，老外看后惊叹不已。西方主流报纸《纽约时报》为此还特地做了一个一分三十秒的录像放到《纽约时报》的网站上，造成了很大影响。这样的形式虽然不是原创的，但是属于一种创新，也是一种很好的创造力。

还有一个经典的例子就是迪士尼集团，该集团不仅生产发行了动画片《米老鼠和唐老鸭》，还将这些卡通形象做成玩具、服装，建造迪士尼乐园主题公园。人的创造力是无限的，可以实现创造力的途径也是无限的。迪士尼的许可产品一年在全球的零售达1 120亿美元，其中290亿来自娱乐人物形象，不管是玩具、服装、电影还有电视等等。

(二) 我国文化创意产业发展现状

反观中国整个文化行业包括媒介行业、娱乐行业，都有一个现象特别突出就是做的节目和产品越来越雷同。中国只能算是世界的制造工厂而不是世界的创意工厂，因为发达国家拥有品牌，他们只是利用中国廉价劳动力和巨大的市场，把最核心的设计拿到中国来加工，而我们却没有核心创意的版权，造成同质化现象十分严重。原创性在中国整个大文化的行业中越来越匮乏。湖南卫视推出"超级女生"电视选秀活动获得成功后，多家电视台竞相模仿。于是中国电视形成了同一时段，多个频道可以上演同样模式的超级选秀节目的怪现象。这种怪现象在媒介发达，创意产业发展迅速的国家是不可能发生的。在电视圈里就很流行这样一句话，"日韩学欧美，港台学日韩，大陆学港台"。

"文化产业"的发展，依靠的是人，最核心的就是人的创造力的释放和解放。中国"文化产业"真正发达需要充分释放中国人的创造力，提高人的素质，打开人的视野，让人看得多、知道得多，人的无限创新能力才可能被最大限度地激发出来。任何文化遗产或资源并不能天然地成为产品或商品，只有经过一定形式的再创造，才能成为具有丰厚知识产权的文化产品。文化人、艺术家的创作能力可以说就是文化创造的"技术因素"；同时，他们的创造所需的社会氛围、制度条件也是这类"技术"的组成部分。

2014年在台北世界贸易中心进行了京台文化创意产业展,50余家北京的优秀文创企业参展。本次展会上，北京的工艺美术精品、动漫网游衍生品、旅游礼品、出版精品等文创产品受到台湾同胞的欢迎。短短的几天时间，企业现场销售和签订协议，总金额约 7.6 亿元。

2014年12月11日上午,第九届中国北京国际文化创意产业博览会台湖国际图书分会场，伴随着"中国梦之歌校园朗诵诗"的朗朗诵读声，在北京台湖出版物会展贸易中心拉开帷幕。本次台湖国际图书分会场由中共北京市委宣传部、中国北京国际文化创意产业博览会组委会办公室主办，北京发行集团承办。围绕"交流 交易 发展 共赢"的主题，图书分会场特别开设十大主题展区，集中展销 60 万余种中外文出版精品，吸引国内外出版社、图书公司、图书馆、图书经销商、书店等 1200 家参展商、客户到场交易交流。分会场还同时举办丰富多彩的图书推介、主题领读、专题论坛等活动，不仅为各界采购客户构建了"一站式"采购大平台，更为出版社、图书发行物流中盘、零售书店等提供了一次出版发行产业链上下游互动交流、共谋发展的难得契机。展会期间，读者到场购书可享受 8.5 折优惠。

四、文化休闲娱乐业管理问题

(一) 休闲娱乐产业内涵

1985 年 4 月，国务院办公厅以(国办发(1985)029 号)文件，转发了国家统计局《关于建立第三产业统计的报告》。这是我国第一次以政策、法规的形式，正式确认三次产业分类法在我国国民经济管理和统计核算中的地位。这个报告借鉴国际惯例，并从我国的实际出发，提出了我国三次产业的划分标准。

第一产业：农业(包括林业、牧业、渔业等)。

第二产业：工业(包括采掘业、制造业、自来水、电力、蒸气、热水、煤气)和建筑业。

第三产业：除上述第一、第二产业以外的其他各业。

第三产业包括的行业多、门类杂、范围广，所以，国家统计局提出的划分标准，从我国实际出发，将第三产业又分为两大部门和四个层次。

第一层次：流通部门，包括交通运输业、邮电通讯业、商业饮食业、物质供销和仓储业。

第二层次：为生产和生活服务的部门，包括金融、保险业、地质普查业、房地产、公共事业、居民服务业、旅游业、咨询信息服务业和各类技术服务业等。

第三层次：为提高科学文化水平和居民素质服务的部门，包括教育、文化、广播电视事业、科学研究事业、卫生、体育和社会福利事业等。

第四层次：为社会公共需要服务的部门，包括国家机关、政党机关、社会团体，以及军队、警察等。

由此可以看出，我国已经确立了休闲娱乐业在第三产业中的地位，在本质上它是从属于第三产业的。而且，国外休闲娱乐业的发展史也表明，随着生产力水平的提高和居民生活质量的改善，休闲娱乐类的企业在社会分工中将会从其他产业中分离出来，专门向社会大众提供相关的专业服务，从而自身得以发展壮大。因此，根据产业经济学的理论，当这类企业的产品或服务达到一定的规模，有稳定的社会需求、专门的生产技术后，就能够进行产业化开发，一个新的产业就产生了。

不过，对于休闲娱乐产业概念的认识，理论界却并未取得一致的意见。

第一种观点认为，休闲娱乐产业是指与休闲娱乐活动有关的一切生产经营活动。其外延除包括休闲娱乐本身向社会提供的服务外，还应包括活动器材、场所、服装等相关领域的企业。

第二种观点认为，休闲娱乐产业是指休闲娱乐以活劳动向社会提供各类劳务的行业的总称，此观点将休闲娱乐产业界定在休闲娱乐本身向社会提供服务的范围内，而并未扩展到其他相关领域。

第三种观点认为，形成休闲娱乐产业，应以办成经济实体或实行企业化经营为标志。休闲娱乐产业必须具备以下要素：①拥有能够生产物质、提供社会劳务的劳动力。②具有能够支配的资产(包括无形资产)、资金等生产资料。③具备能将上述生产要素结合起来的经济组织和保障体系(如核算制度)。④在持续的经营、生产中，能将上述投入形成社会需求的产出(实物或劳务)。

从以上关于休闲娱乐产业概念认识的介绍中，我们可以看出，目前我国理论界对这一概念的认识有"宽派"和"窄派"两种基本倾向。"宽派"观点认为休闲娱乐产业除包括劳务本身外，其他与休闲娱乐活动相关的产品(主要是器材、服装、场所)，都应当容纳在休闲娱乐产业的范围之中。"窄派"观点则将休闲娱乐产业限定于休闲娱乐劳务，认为只有休闲娱乐劳务才是整个休闲娱乐产业的构成部分。

本书作者赞同休闲娱乐产业概念的"宽派"观点。

综合上述，我们认为，在我国，休闲娱乐产业已经形成，它指的是与休闲娱乐活动有关的一切生产经营活动，休闲娱乐产品不仅包括劳务产品，也包括实物产品。

(二) 当前我国休闲娱乐市场发展现状分析

1. 低档消费旺盛，高档消费相对冷清

在许多大城市，健身中心的档次有高、中、低之分，其中的高档健身也令一般工薪消费者望而却步。在很多城市的居民小区和一些街道，几乎都有贴近市民的乒乓球室、台球室，这里的台位很少有"轮空"的，有的还要预定台位。这种情形与保龄球、高尔夫球等高档娱乐项目的消费者甚少，甚至"门可罗雀"的境遇相比，真是有天壤之别。为什么会出现这样的情况？

人们的休闲娱乐消费规模、水平在总体上要受国民生活水平的制约，它排在吃、穿、住等消费之后，这是经营商开发休闲娱乐消费项目首先应考虑的一个因素。在当前我国国民的生活水平普遍不高的情况下，应将休闲消费的重点放在低档的、满足基本休闲需求的项目上。因此，就我国目前居民经济条件而言，低档次、大众化的休闲娱乐项目，有广阔的发展前景。而保龄球、高尔夫球、高档健身场所等消费项目，应集中在经济发达的大中城市和沿海地区，切不可片面追求档次而盲目发展。应该说，我国许多城市、地方已经步入了滥上高档休闲娱乐项目的误区。

2. 健身器材产品定位失误

产品定位是指确定产品的服务对象和范围。在健身器材产品的调查中，我们了解到，一台功能单一的跑步机的售价一般在 200 元左右(今后还会进一步下降)，而一台多功能跑步机的价格则高达 3 000 元以上。更有甚者，将一些功能独特的高档健身器材的价格定在大几千元，甚至近 20 000 元的水平上。据专家估算，这类器材的完全成本大约为 2 000 元到 8 000 元。如"澳瑞特"系列健身器的价格，从 6 380 到 19 888 元。显然，这样的价格不是一般的平民百姓和工薪阶层可以承受的，这样的价格策略也不是将健身器材定位于首先满足大众的基本休闲娱乐需求这一层面上的。可见，我国目前健身器材产品定位不当，其发展有呈高档化、高价化，甚至"贵族化"的态势。既然我们认为休闲娱乐是一种基本的生活需求，那么，如果将健身器材产品定位于满足大众的基本娱乐需求，就可以做到高档化

与低价格并存，就可以适合大众、工薪阶层的消费需求和承受能力，这是我国健身器材产品长期发展的根本方向。另外，目前许多厂商在开发、生产健身器材时，片面追求功能多样化。有一种健身器材，从 5 种功能、9 种功能、13 种功能、21 种功能，到 31 种功能甚至更多，形成一个系列。这里我们姑且不论 31 种功能对满足基本休闲娱乐需求是否全都派上用场，仅仅从技术经济的角度看，31 种功能值得分析。价值工程分析原理表明：

$$功能=价值×成本$$

功能的增加意味着开发、生产成本的上升，当功能增加的幅度小于成本上升的幅度时，功能的增加是得不偿失的。用上式来计算，这样的价值系数会小于 1。这正是价值工程活动所要解决的重点问题：减少功能、降低成本。我们虽然没有完整的数据资料来计算一些健身器材的价值系数，但是，从其售价和所标示的功能看，价格高昂的多功能健身器，多少存在着功能与成本不协调的问题。因此，开发商应紧跟市场需求的导向，对健身器材产品的功能、成本进行合理的调整，以扩大市场份额。

3. 我国休闲娱乐市场规模、消费者群体数量的估计过于乐观

目前，我国一些对休闲娱乐生产经营感兴趣的厂商及相关管理层对我国休闲娱乐市场规模、消费者群体数量的估计，持非常乐观的态度。他们认为，以我国 13 亿人口 4 人为一户计算，3 亿户中如果 5%、也就是 1 500 万户，一户购买一个价值 1 000 元的健身器，就是 150 亿元；若购买 200 元健身器，就是 300 亿元；如果是 10%，甚至是 20%的家庭购买健身器，那么，消费量就更大。应该说，我国的健身器材销售量如果达到 1 000 亿元以上的规模，那么，这一产业就成为国民经济的一大增长点。

但是，这种潜在规模转化为现实规模，是需要时间和经济基础的。从目前情况看，受经济条件、消费观念等因素的制约，我国休闲消费的现实规模是相当小的。

研究表明，我国目前并不是所有的消费者对休闲娱乐消费感兴趣，也不是所有的消费者都有能力消费休闲娱乐产品。在多层次的市场结构下，健身器材、高

档健身场馆的营销，应有针对性地面向高收入阶层。潜在的消费者，虽然比例较小，但是如果注重对他们的引导，使其热爱并逐步参与休闲娱乐活动，他们也必将成为休闲娱乐市场中的一支活跃的力量。

当前我国休闲娱乐市场现状表明，休闲娱乐产业的发展，不能过于超前，其发展的基点应建立在人们的经济收入和文化素养的现实水平上，这样，休闲娱乐市场才会健康成长。

五、工艺美术品生产行业管理问题

手工艺的产品，即通过手工加工而成的工艺产品，是具有价值的艺术品的总称。工艺品来源于生活，却又创造了高于生活的价值，它是人民智慧的结晶，充分体现了人类的创造性和艺术性，是人类的无价之宝。

所谓产业，是指存在并发展与社会生产劳动过程中的技术、物质和资金等要素及其相互联系构成的社会生产的基本组织结构体系，或简单概括为社会生产劳动的基本组织结构体系。所有的产业的组织结构体系中，都应该有"创意"这一要素，对于传统工艺美术产业来说也是如此。没有创意要素支撑的只能是加工工业，这是很难持续发展的。

传统工艺美术产品具有创意特征，主要表现在产品创作、生产的特点上。众多传统工艺美术品对抽象的寓意等的视觉物化过程，本身就是一种审美创作，创意特征显著。如"望江挑花"制品的挑制，挑花的人物、花卉、飞禽等造型简洁、夸张，变形幼稚可爱、大胆生动，不以外形的逼真模拟为目标，而把物象进行平面化处理。这种平面化的夸张、变形方法，是为了适应制作工艺和审美取向以及世俗情感而设计的，是在创意思维引导下产生的，充满了智慧和创意的火花。

传统工艺美术产业的创意特征，更突出地反映在"实用"与"审美"相统一的创新产品生产特点上。许多传统工艺美术品本身就是日常生活用品，审美的形式与实用的功能的完美结合就是创意的一种具体体现，在视觉上必须顺应消费者的时尚审美意愿，功能上必须满足消费者潜在的需求。为了满足以上两个要求，就必须实现功能与形式的创新与统一。

　　传统工艺美术产业的创意特征，更集中地体现在工艺美术产业在造型、品种、技法、生产方式、材料、功能等方面，千百年来不断地创新上。

　　传统工艺美术品的造型设计，一直随着人们的视觉审美追求、器物的形制以及用途的变化而演变。每一次对变化的适应都是一次造型上的新创造。如从红山文化的玉龙到明清龙椅上的龙，其间有多少凝聚着创意智慧和匠心的不同形象。为了满足人民群众多样化的消费续期，工艺美术品种不断推陈出新、创造发展，覆盖了生产生活的方方面面。传统工艺美术更是不断追求这生产方式和制作技艺的革新进步，在继承传统技法的同时，不断采用新技术、新工艺。从盘、捏、拉、塑、刻、画、吹、铸到冲压、喷涂、电镀、切割乃至电脑设计、自动控制等技术。每一次的技术进步必然引发生产方式的革新，导致由个人、小作坊的全程生产向工业化的流水线生产，专业化生产、社会化生产、社会化写作生产的转变。传统工艺美术在继续运用泥、石、草、木、棉、纸、布、金、银、铜、铁、锡等传统材料的同时，也在不断运用新材料，如塑料、塑胶、矿物、废品以及新型复合材料等。随着人们消费需求的发展，传统工艺美术也不断深入到各种不同功能的产品领域。

　　千百年来，传统工艺美术在造型、品种、技法、生产方式、材料、功能等方面的不断更替演进，创意是其内在的原动力。

第六章　文化产业发展的支持系统开发

随着社会生产力的不断发展、社会文化消费需求的多元化以及文化产业的逐步发展壮大，文化作为社会发展的核心影响力，对社会经济及秩序有着非常重要的影响。因此，文化产业自诞生以来就备受关注，其经营管理也随之有了全方位的支撑系统。文化产业经营管理是一个内容广泛的系统，需要法律、政策与舆论的全方位支持与支撑。

第一节　文化产业的法律支持

一、文化产业法制管理的内涵及途径

(一) 文化产业法治管理的内涵

文化产业法治管理，就是以法治方法进行文化产业的宏观管理活动。何谓法治?法治不单单是一个法律术语，它更是一个上自国家与社会，下至每一种行业甚至单个企业进行内部管理的治理理念。从古至今，"法治"的概念在不停演变，从东方到西方，对"法治"的理解也不尽相同。有学者认为，法治就是要实现"法律的统治"，就是要"确认法律在实现社会治理和国家管理中的权威性，把法律作为社会调整的基本方式"，并且蕴含特定的价值理念，包括"人民主权、尊重和保障人权、权利受到有效制约、法律面前人人平等"。还有学者认为，法治可以理解为一种"以民主为前提和目标，以严格依法办事为核心，以制约权力为关键的社会管理机制、社会活动方式和社会秩序状态"。

法治既是一种治理理念，一种方式方法，同时也代表着一种理想的社会状态。在本书"法治管理"的内涵当中，法治代表着一种尊重民主的治理理念和方式。在当代中国的语境中，法治就是要依法治国，通过科学立法、严格执法、公正司法以及全民守法来实现良好的、理想的社会状态。

因此，对文化产业进行法治管理，就是要在对文化产业进行宏观管理的活动中，充分利用和发挥法治的理念及方法，在文化产业相关法律的制定、颁布、实施等方面要科学系统，在文化市场的监督管理和执法等方面要严格并适当，与文化产业相关的司法行为要公正公平。

(二) 文化产业法治管理的途径

所谓法治管理，最关键在于"法"字，围绕着法的创制(立法活动)和法的实施(法的行政适用和司法适用等)，文化产业法治管理的途径也相对应地包括三个方面：一是文化产业的立法建设；二是文化产业的行政执法；三是文化产业的司法保护。立法、执法和司法三位一体，是法律活动中三个紧密相连的链条，三者相辅相成、缺一不可。立法是前提，是执法和司法的基础，良好健全的法律是执法和司法活动顺利开展的保障，立法需要作用于执法和司法；执法和司法则是后续环节，是对立法的实践和检验，执法、司法的过程和结果是对立法科学性的最佳反馈，执法和司法反作用于立法，能够促进立法更加科学、更加与时俱进。

1. 文化产业的立法建设

此处的立法是广义的，包括从中央到地方一切享有权力制定和变动规范性法律文件的主体进行的立法活动。文化产业的立法建设就是要做好文化产业的立法工作，建立健全文化产业法律制度和体系，制定系统完善的文化产业相关法律法规、规章及各类规范性文件，为文化产业的发展营造良好的法律环境。值得一提的是，立法建设的同时也要注重政策环境的建设，正确处理文化立法与文化政策之间的关系。

2. 文化产业的行政执法

此处的行政执法是狭义的，不包括司法活动。文化产业的行政执法就是要做好与文化相关的行政执法工作，做好文化市场的执法工作，严格依法采取合理适当的执法模式，对文化市场进行积极主动的监督和管理，提升文化执法的效益，从而营造健康良好的文化市场环境、维护文化产业的发展秩序。

3. 文化产业的司法保护

此处的司法保护当然并非指法律术语中对未成年人所实施的专门保护措施，而是一种文化产业的司法保障，其中主要包括文化产业知识产权的司法保护。文化产业的司法保护就是要重视文化产业的知识产权保护，特别是在司法工作中强调知识产权的重要性，通过公正的司法活动维护文化产业的知识产权，从而充分发挥知识产权在文化产业中的价值功能。

二、文化产业的法律体系建设与完善

(一) 我国文化产业的立法现状

在中华人民共和国成立初期，百业待兴，我国对文化方面的发展和建设，主要通过一些政策方针、工作文件及少数规范性法律文件进行调整，偏向于文化事业与文化行政管理方面。改革开放三十多年来，我国逐步出台了一些文化方面及与文化产业的发展息息相关的法律法规，文化立法的工作取得了显著进展。2011 年 10 月，党的十七届六中全会更是把文化建设提升到前所未有的高度，对推动文化产业成为国民经济支柱性产业提出了明确要求；2012 年 11 月，党的十八大再次提出新时期扎实推进社会主义文化强国建设的目标，文化产业已成为衡量国家创新发展、综合发展的重要标杆。伴随着文化产业地位的提升，与其高速发展相对应的产业立法工作也日益深化。到目前为止，我国在文化产业方面已经有了一系列相关法律法规，虽不尽完善，但也取得了重大进展。

由于文化产业是一个具有文化和经济双重属性的产业，其相关立法体系较为庞杂，涉及文化或与文化产业有密切关系的规定散落在各部基本法律之中，也有一些针对文化产业具体领域的专门文化法规。

（二）法律

我国在法律层面暂时没有促进文化产业发展或文化产业相关领域方面的基本法，文化方面的法律也只有少数几部，包括《中华人民共和国著作权法》、《中华人民共和国非物质文化遗产法》、《中华人民共和国文物保护法》、《中华人民共和国档案法》等，与文化产业发展有着密切关系的相关法律，包括《中华人民共和国商标法》、《中华人民共和国专利法》、《中华人民共和国广告法》等，还有一些调整市场竞争的法律，如《中华人民共和国反垄断法》、《中华人民共和国反不正当竞争法》，以及涉及文化消费方面的《中华人民共和国消费者权益保护法》等。

我国一直在推动文化领域的立法工作，2006 年，国务院发布的《国家"十一五"时期文化发展规划纲要》提出要抓紧研究制定《中华人民共和国文化产业促进法》，2010 年左右，文化部开始着手起草《中华人民共和国文化产业促进法》，特别是党的十八大以来文化立法更是提上重要日程，2013 年，文化部形成了《文化产业促进法可行性研究报告》和《文化产业促进法(草案)》，2014 年年初，《中华人民共和国文化产业促进法》进入实际的草拟阶段，该法有望早日通过审议正式出台。文化领域的其他法律，包括《中华人民共和国公共文化服务保障法》、《中华人民共和国公共图书馆法》、《中华人民共和国电影产业促进法》、《中华人民共和国广播电视传输保障法》等也正在进行不同程度的推进，文化领域在法律层面的立法空缺有望尽快得到填补。

（三）部门规章、部门规范性文件

在我国文化立法体系中，数量最多的是部门规章、部门规范性文件和地方性法规规章。立法主体以主管文化产业的文化部和国家新闻出版广播电影电视总局为主，涉及的内容包含文化产业的方方面面，主要体现在新闻出版及印刷业、广播电影电视、动漫及游戏产业、计算机软件与互联网、演艺娱乐业、广告会展业、文化旅游、文物及艺术品等方面。如原新闻出版总署颁布的《图书出版管理规定》，原国家广播电影电视总局颁布的《广播电视广告播出管理办法》，文化部颁布的《互联网文化管理暂行规定》、《网络游戏管理暂行办法》等。同时，在文化市场管理、公共文化服务体系建设等方面也有大量相关规定，如文化部颁布的《文化市场综合行政执法管理办法》等。

2014 年，国家相关部委加快立法步伐，连续出台了一系列支持文化产业发展的规定，包括国务院《关于推进文化创意和设计服务与相关产业融合发展的若干意见》国发[2014]10 号、国务院《关于加快发展对外文化贸易的意见》国发[2014]13 号、财政部、国家发展改革委、国土资源部、住房和城乡建设部、中国人民银行、国家税务总局、新闻出版广电总局《关于支持电影发展若干经济政策的通知》财政[2014]56 号等，这些都属于部门规范性文件。

（四）地方性法规、规章

我国是一个多民族、地域广的大国，各地发展水平不一，对文化建设的需求和发展进度也各不相同，因此各个地方文化立法的情况也参差不齐。与文化方面相关的地方性法规目前有 240 件左右，主要是关于文化市场管理、文化遗产保护、传统文化保护以及文化名城名镇保护等方面。值得一提的是，在文化产业促进方面，有的省市已经根据自身情况制定了相关条例，如《广东省公共文化服务促进条例》公告(第 68 号)等。文化方面的地方政府规章有 90 多件，主要涉及的是文化市场、公共文化设施场所、文化遗产保护以及文化名城名镇保护等方面。同时，很多地方在文化产业细分领域中都有很多相关法规规章的规定，如音像制品管理、广播电视管理、电影发行放映、工艺美术保护、新闻出版、广告会展、演艺娱乐、文化旅游等方面。

总体来看，我国文化产业立法的特点主要是上位法空缺较多，文化立法主要集中在部门规章、部门规范性文件及地方性法规规章，立法位阶较低；缺少具有引领作用的基本法，多数为文化相关的专门法律，规划性和系统性较差；地方性文化产业立法较为单一．并且地区间差异较大、各地立法不平衡，立法内容不够完备。

我国文化产业正处于蓬勃发展时期，特别是随着信息技术产业的飞速发展．文化产业更是日新月异，文化产业发展的速度远远快于文化立法工作开展的速度。

文化产业的健康发展需要更加健全科学的法律体系保驾护航,虽然即将出台的《文化产业促进法》能够填补文化产业基本法的空白,但我国仍需继续加快文化立法步伐,从提升现有文化立法的法律层级、完善地方立法、使文化立法形式规范化等方面去完善文化产业立法体系。同时．文化产业的核心是知识产权,因此在立法的同时也要注重文化产业知识产权方面的立法.并且要注意适时修订已有的《中华人民共和国著作权法》、《中华人民共和国专利法》、《中华人民共和国商标法》等知识产权法律。

由于文化产业本身具有多样性和融合性,再加上科学技术日新月异的发展,各种高新技术往往在文化市场中最先体现,时刻在改变甚至"质疑"原有的法律关系。这些都表明了一点:文化产业立法对法律技术的要求较高。我国文化产业的立法工作可以借鉴美国《娱乐法》的形式,充分考虑立法活动所需的技术支持,保证全方位、多角度为文化产业发展提供法律保障。

三、文化产业的行政执法

(一) 我国文化产业行政执法的特点

文化产业的行政执法,简称文化行政执法,是指主管文化产业的国家行政机关及其公职人员,依照法定的职权和程序,对文化产业公共事务进行监督管理或适用法律的活动:文化产业的行政执法是文化产业主管部门实现其行政管理职能的方式,是使文化产业立法得到适用的主要途径,同时也是国家对文化产业发展不可或缺的监管和调控手段之一,是保证文化产业相关市场健康良好发展、保障文化产业市场主体合法权益的有力措施。

文化行政执法的特点主要有以下三点。

第一,文化行政执法的主体是法定的,客体及对象是特定的。文化行政执法主体是由法律授权的国家行政机关或由国家授权的相关单位部门。包括文化部、国家新闻出版广电总局以及知识产权、工商、税务等管理部门。文化行政执法的客体主要包括文化产业相关的行为,对象是文化产业从业人员或文化产业企业、组织等。

第二，文化行政执法的依据是法律，文化行政执法主体必须依据相关法律规定做出行政执法行为，不得超出法律规定的范围执法。

第三，文化行政执法具有主动性和单方意志性。不同于司法机关的相对被动性，文化行政执法主体往往根据相关法律规定、政策要求或上级主管部门要求主动开展行政执法行为，且无须得到行政执法对象的事先同意，体现了行政执法行为的强制性。

(二) 我国文化产业行政执法的手段

我国文化行政执法的手段，主要包括行政许可、行政处罚及行政强制等。

1. 行政许可

根据《中华人民共和国行政许可法》对行政许可的定义，文化行政执法中的行政许可，简称文化行政许可，可以理解为文化产业行政执法主体根据公民、法人和其他组织的申请，经依法审查，准予其从事文化产业相关活动的行为。

我国文化产业中的许多活动及行为，都需要取得相关文化部门的行政许可或者说通过行政审批，包括相关文化单位机构的设立、文化项目的立项与开展、特定文化产品的生产与上市等，比如音像制品的零售与出租、报刊图书的出版与零售、营业性演出、文艺表演团体与娱乐场所的设立等。

文化行政许可是文化产业市场准入的一道门槛，国家文化部为了规范行政许可行为，专门制定颁布了《文化部行政许可管理办法》文政法发[2004]2号。

2. 行政处罚

文化行政执法中的行政处罚，简称文化行政处罚，是指文化产业行政执法机关根据相关法律法规规定，依据其法定的职权和法定程序，对违反文化产业行政管理秩序的公民、法人或其他组织进行制裁的行政行为。

根据《中华人民共和国行政处罚法》的规定，行政处罚的种类包括：警告；罚款；没收违法所得，没收非法财物；责令停产停业；暂扣或者吊销许可证，暂扣或者吊销执照；行政拘留；法律、行政法规规定的其他行政处罚。

国家文化部为了规范文化行政处罚行为，保障和监督文化行政部门有效实施文化行政管理，专门制定颁布了《文化部文化行政处罚程序规定》文化部令(第 12 号)。

3. 行政强制

文化行政执法中的行政强制，简称文化行政强制，包括文化行政强制措施和文化行政强制执行。

根据《中华人民共和国行政强制法》中关于行政强制的规定，文化行政强制措施，可以理解为文化产业行政执法机关在文化产业行政执法或文化产业监督管理过程中，为制止违法行为、防止证据损毁、避免危害发生、控制危险扩大等情形，依法对公民的人身自由实施暂时性限制，或者对公民、法人或者其他组织的财物实施暂时性控制的行为。文化行政强制执行，可以理解为文化产业行政执法机关或其申请人民法院，对不履行文化产业行政执法决定的公民、法人或者其他组织，依法强制履行义务的行为。

文化行政强制的目的，就是为了预防和阻止违反法律法规的文化行为的发生，及时保护文化产业的知识产权不受侵犯，保障公民、企业和国家的文化利益，保证文化市场秩序的稳定。

第二节　文化产业的政策支持

一、我国发展文化产业的基本原则

2009 年，国务院常务会议通过了《文化产业振兴规划》，提出了对整个文化产业主要坚持的五项原则。

1) 把社会效益放在首位，努力实现社会效益与经济效益的统一。需要注意的是，把社会效益放在首位不是仅仅指公益性的文化事业，文化产业也同样要把社会效益放在首位。

2) 坚持以体制改革和科技进步为动力，增强文化产业发展活力，提升文化创新能力。这是要求文化要进一步创新，方法是通过体制改革和科技进步，增强它的活力和创新能力。

3）坚持走中国特色文化产业发展道路，学习借鉴世界优秀文化，积极推动中华民族的文化繁荣发展。其实就是走自己的路，学别人的东西，向世界学习的问题。

4）坚持以结构调整为主，加快推进重大工程项目，扩大产业规模，增强文化产业整体实力和竞争力。这一点是关于进一步增强实力和竞争力的问题。

5）坚持内外并进，积极开拓国际国内文化市场，增强文化产业在国际上的影响。这一条讲的是关于文化走出去的问题。这五项原则也体现了前面提到的文化产业政策到底是文化政策还是产业政策的问题，大部分都是文化政策，或者是文化和产业兼顾的政策。

二、扩大文化消费

文化消费不但是促使文化产业发展的内在动力之一，而且也是整体经济增长的重要力量。文化产业政策需要把文化产业作为一个拉动内需的重要手段，通过文化消费来扩大内需，推动经济增长。我国的文化产业发展纲要规定，要不断适应城乡居民消费结构的新变化和审美的新需求，创新文化产品和服务，提高文化消费意识，培养消费热点。

文化消费的内容十分广泛，不仅包括对文化产品和服务本身的消费，如电影电视节目、电子游戏软件、书籍、杂志等，同时也包括对文化产品和服务相关的设备、工具的消费；既包括对文化产品的直接消费，如电视机、照相机、影碟机、计算机等，也包括为文化产品和服务提供载体平台的文化设施，如图书馆、展览馆、影剧院等。

扩大文化消费的文化产业政策内容和目标包括：通过政策扶持和鼓励增加文化消费总量，提高文化消费水平；通过扶持商业模式创新，拓展大众文化消费市场，开发特色文化消费，扩大文化服务消费，提供个性化、分众化的文化产品和服务，培育新的文化消费增长点；提高基层文化消费水平，引导文化企业投资兴建更多适合群众需求的文化消费场所，鼓励出版适应群众购买能力的图书报刊，鼓励在商业演出和电影放映中安排一定数量的低价场次或门票，鼓励网络文化运营商开发更多低收费业务，有条件的地方要为困难群众和农民工文化消费提供适当补贴。积极发展文化旅游，促进非物质文化遗产保护传承与旅游相结合，提升旅游的文化内涵，发挥旅游对文化消费的促进作用等。

三、发展重点文化产业

产业政策中要明确哪些文化产业需要重点发展，以及如何发展的路径问题，这是产业政策第一个目标。在"十一五"和"十二五"的两个纲要中，提出了如何进行加快发展文化产业的问题，并明确了发展重点。例如，《国家"十一五"文化发展纲要》(下文简称《纲要》)提出以文化创意、影视制作、出版发行、印刷复制、广告、演艺、娱乐、文化会展、数字内容和动漫等产业为重点，加大扶持力度，完善产业政策体系，实现跨越式发展。《纲要》进一步提出建立现代文化产业体系和文化市场体系，文化产业增加值占国民经济比重显著提升，文化产业推动经济发展方式转变的作用明显增强，逐步成长为国民经济支柱性产业。发展壮大出版发行、影视制作、印刷、广告、演艺、娱乐、会展等传统文化产业，加快发展文化创意、数字出版、移动多媒体、动漫游戏等新兴文化产业。规范发展文化产业园区，培育骨干企业，扶持中小企业，完善文化产业分工协作体系。鼓励有实力的文化企业跨地区、跨行业、跨所有制兼并重组，推动文化资源和生产要素向优势企业适度集中，培育文化产业领域战略投资者。规划建设各具特色的文化创业创意园区，支持中小文化企业发展。优化文化产业布局，发挥东中西部地区各自优势，加强文化产业基地规划和建设，规范建设一批全国文化产业示范区，发展文化产业集群，提高文化产业规模化、集约化、专业化水平。加大对拥有自主知识产权、弘扬民族优秀文化的产业支持力度，打造知名品牌。推动文化产业与旅游、体育、信息、物流、建筑等产业融合发展，提升品牌价值，增加物质产品和现代服务业的附加值和文化含量。

产业政策的第二个方面是通过加大政策扶持，使这些行业实现跨越式发展。例如，在国家发展纲要的基础上，中央、省、市各级政府在财政、税收、金融、用地等方面都进一步落实出台了相关文化产业政策，包括促进企业及民间对文化投入的税收优惠政策、文化贸易促进政策、版权保护政策、金融支持文化产业发展政策、文化产业投资基金和重点行业专项基金政策、国家和省市各级重点文化产业园区政策、文化人才培育政策、文化科技创新与创业扶持政策等。

四、培养骨干文化企业

文化产业政策应着力培育一批有实力、有竞争力的骨干文化企业，增强我国文化产业的整体实力和国际竞争力，这是我国当前一项重要的文化产业组织政策。

中国文化产业发展的现状是，各个地区的主要骨干文化企业，尤其是在传统的文化广电和新闻领域，大多由国家投资的文化事业单位转型而来，由于长期的国有资本持续投入积累，本身在同行领域中可能发展得很好，但是横向比较起来数量还是很少的。虽然文化产业国有企业从资产规模上并不逊色于其他行业，但是资产的收益质量还有待提高，销售额无论是与其他行业还是与国际同行比都是非常小的。所以，当前培育骨干文化企业的难度远远超出预期，其根本问题在于体制。长期以来，计划体制下形成的条块分割把文化行业进行人为切割，导致同类行业之间老死不相往来。企业的分工和行业的垄断混淆起来，就会导致有些企业效率低下。如何推动这些跨地区跨行业企业进行联合重组、扩大企业规模，这是中国文化产业在体制转型期应当重点解决的问题。

体制问题是由于三个方面主要因素造成的。一是政府与国有文化企业之间的关系没有理顺，国有文化资产的管理体制改革有待深入，在国有资产管理价值评估和经营机制方面都有待完善；二是由于政府和企业之间关系没有理顺，造成文化企业和文化资产在行政区域的切割，企业行为带有明显的行政色彩和地方政府利益博弈；三是文化金融资本市场不健全，国有文化企业无法通过金融资本市场进行资产的重组。上述三方面因素相互交织，造成现有骨干企业之间资源整合都是依靠行政命令方式推动，无法依靠市场力量整合，在经营上也无法通过文化资本与金融资本融合形成高效的资本运作。

五、加快文化产业园区和基地的布局与规划建设

加强对文化产业园区和基地布局的统筹规划，坚持标准，突出特色，提高水平，促进各种资源合理配置和产业分工，是文化产业政策的重要目标之一。文化产业园区和基地都是文化产业集群的物质载体，对符合规划的产业园区和基地在基础设施建设、土地使用、税收政策等方面给予支持。我国文化产业发展需要政策扶持与合理规划，建设若干辐射全国的区域文化产业物流中心，建设一批文化创意、影视制作、出版发行、印刷复制、演艺娱乐和动漫等产业示范基地，支持和加快发展具有地域和民族特色的文化产业群。

文化产业集群在世界范围内被证明是发展文化产业的有效模式，它们对当地的经济发展以及就业提供了巨大的空间和机遇，同时成为当地的文化品牌，以及文化产业综合发展实力的典型代表。因此，各国都在关注文化产业集群前沿领域的发展动态。

世界知识产权组织(WIPO)将集群定义为文化创意产业集聚，即创意产业在地域上的集中，它将创意产业的资源集合在一起，使创意产品的创造、生产、分销和利用得到最优化。这种集聚行为最终将促使合作的建立和网络的形成。在大量的资源集中到一起以后会产生很多共同的配套的需求，由于这种需求产生以后使整个产业链拉长，这是文化创意产业集聚或集群的根本价值所在。

在我国，文化产业园区在近十几年中也有许多有成就的地方，如上海九号桥设计产业集中区、北京 798 工厂画家村、浙江横店影视基地、大连动漫产业带等都是我国具有标志性意义的文化产业集中区。与此同时，中国文化产业园区也存在许多问题，文化产业是属于产业政策当中比较扶持和鼓励的行业，可现在越来越多的人打着做文化产业园区的旗号和幌子与政府部门谈土地，之后却拿去做房

地产开发，这种现象非常普遍。所以，尽管国家大力鼓励推动文化产业园区的发展，但在最近的十几年里，我们能看到的新兴的好的文化产业园区并不多。

六、实施重大项目带动战略

中国重大项目战略，以文化企业为主体，加大政策扶持力度，充分调动社会各方面的力量，加快建设一批具有重大示范效应和产业拉动作用的文化产业项目。例如，在《国家"十一五"文化发展纲要》和《国家"十二五"文化改革发展纲要》中提出的一系列重大项目，包括国产动漫、国家数字电影基地、多媒体数字库和经济信息平台、中华字库工程、国家知识资源数据库出版、全国文化遗产数据库、高清数字电视、数字版权保护、有线电视数字化、多媒体移动广播电视工程等重大文化产业工程。

这些重大项目的特点：一是产业关联度比较高，可以带动上游和下游产业的发展，而且也能够对同类行业之间产生比较明显的适当的引领作用，抓住重大项目就是抓住龙头，通过以点带面来实施整个行业突破；二是关系到文化与科技结合的新兴发展方向和关键技术，对产业未来发展具有战略意义。

七、建设现代文化市场体系

建立健全现代文化市场体系，是我国文化体制深化改革的重要任务，也是文化产业政策的重要政策目标。建立健全现代文化市场体系，就是要以市场为中心，建立门类齐全的、多层次的文化产品市场和文化要素市场，市场在资源配置中起决定性的作用。

文化产品市场方面要不断完善文化市场准入和退出机制，鼓励各类市场主体公平竞争、优胜劣汰，继续推进国有经营性文化单位转企改制，加快公司制、股份制改造。对按规定转制的重要国有传媒企业探索实行特殊管理股制度。推动文化企业跨地区、跨行业、跨所有制兼并重组，提高文化产业规模化、集约化、专业化水平。重点推进全国统一的市场体系形成，注入扶持建设传输快捷、覆盖广泛的文化传播渠道，发展文化演出院线，推动主要城市的演出场所的连锁经营，支持全国文化票务网络建设，推进有线电视网络整合等，鼓励通过并购、重组等方式进行广电网络的区域整合和跨地区经营。

文化要素市场的政策目标包括完善文化金融、文化人才、文化产权等要素市场建设，打破条块分割、地区封锁、城乡分离的市场格局，促进文化资源在全国范围内流动。通过制定相关鼓励政策和规范性的法律法规，加强行业组织和中介机构建设，健全文化经纪代理、评估鉴定、投资、保险、担保、拍卖等中介服务机构，引导行业组织更好地履行协调、监督、服务、维权等职能。

八、鼓励文化"走出去"

扩大文化对外贸易，让文化"走出去"是一个非常复杂的工程。如今我国进口国外的文化产品，无论是图书还是电影，数量都非常多，而我国所能走出去的文化产品却很少。韩国通过几年的时间就把韩国的电影、游戏推向海外，非常值得我们学习。美国常常通过政府行为促进美国文化的对外扩张。文化对外贸易政策就是要借鉴这些经验，结合我国实际，逐步改变文化送出去的被动现状和巨大的文化贸易逆差，实现文化"走出去"的战略目标。

文化对外贸易政策同时也是双向的，面临着外来的竞争。文化市场的开放问题一直是中美双方交锋的焦点。例如，在中美知识产权谈判当中，美国谈判代表奉政府之命就曾经无比强硬地要求中国开放国内文化市场，接纳美国各类影视音像制品。因此，国际文化贸易中的对外政策还包括了国际贸易相关协约和公约，以及国际文化贸易的规则的合理运用，为本国文化产业"走出去"创造良好的国际竞争环境。美国一直试图通过国际性贸易组织，根据自己的形象来设计事件，如克林顿政府以来，美国一直利用世界贸易组织来输出美国价值观念。例如，美国运用WTO作为手段，打破了加拿大的文化保护壁垒，在加拿大的期刊市场上，美国杂志的比例占到了80%以上，加拿大为了保护期刊市场出台了一系列保护措施，美国认为加拿大方面采取的措施违反了WTO的有关条款，并且提出仲裁，最终美国胜诉。美国特别强势地利用 WTO 的规则为自己扫清道路，在 1993 年的乌拉圭回合谈判中，为了保证美国电影产品的出口，好莱坞发起了对欧洲配额制的攻击。在乌拉圭回合谈判中，美国政府出面把关贸总协定的范围扩大到服务领域，包括电影电视等娱乐服务。与美国政府的行为相呼应，美国学术界也提出了反保护主义的理论。美国还试图在多边投资协议中写进文化条款，但由于联合国的反对而没有达到目的。美国认为文化应该等同于普通商品一样，由市场竞争来决定，而大部分国家，特别是像法国和中国这样的国家，有着非常悠久的文化传统和民族自尊心，强烈地反对英语文化的侵入，所以联合国当时反对把文化条款写进多边投资协定，目的也是承认"文化例外"的原则。

第三节　文化产业的舆论支持

一、文化产业舆论管理内涵

（一）文化产业舆论管理定义及特点

中央电视台前任台长赵化勇曾在一篇文章中指出："舆论引导工作是统一思想、凝聚力量的有力工具"，新闻媒体应当"加强舆论引导工作，提高舆论引导水平，用正确的思想理论、行动纲领、价值观念影响社会、凝聚群众，引导、激励、动员、组织广大人民群众投身于社会主义和谐社会建设"。就像赵化勇将舆论引导作为中央电视台的重要宣传职责一样，我们大多数人也常常只把舆论引导看成是媒体或思想宣传部门的职能，其实从本质上看，舆论引导完全是一种管理方式，可以用到文化产业的管理中来。

文化产业的舆论管理就是指文化产业的宏观管理者为了实现某种目标，通过营造一种社会舆论的方式，进而影响处于舆论中的社会文化生产组织、文化从业人员以及文化市场上的消费者，使其在思想和行为上自觉地指向既定的管理目标。简言之，就是要通过舆论引导，来达到规范、促进文化产业发展的管理目标。

文化产业舆论管理的主体是政府，以及各类媒体机构、行业组织等具备发声功能的机构；管理的客体则是社会大众，整个管理过程借助的传播媒介是社会体系。

文化产业的舆论管理有以下三类特点：

第一，舆论管理是基于社会舆论影响的广度和深度，通过精神层面的渗透对舆论中的个体产生潜移默化的观念转变，旨在使个体异化，而非使用强制性手段改变个体的行为决策。

第二，文化产业的舆论管理是一类宏观管理行为，并非出于个体经营管理之目的，而是为了实现一国文化产业发展的总体目标而执行的宏观管理措施。

第三，只要不涉及违法犯罪，一般情况下，政府的行政力量不会直接介入舆论管理中来。这是由于舆论管理旨在通过引导公共舆论进而影响个体的判断，而个体最终的行为决策是完全出于自愿的。

(二) 文化产业舆论管理内容

正向舆论给人的活动提供正确的认识方向，称作舆论的正功能；负向舆论对社会产生破坏作用，属于负功能。那么，就文化产业而言，公共舆论的力量能够影响个体在文化生产及消费过程中的价值判断，进而左右其行为选择。而公众选择就是个体选择行为的加和，因此，舆论的力量将通过个体作用深深影响到总体文化产业的发展。一般认为，对文化产业呈现正面评价的公共舆论能够对其发展起到推动和促进作用，而负面的公共舆论则将对文化产业的发展起到破坏和阻滞作用。

基于以上认识，文化产业舆论管理的内容包括三个方面：其一是监督并收集对当前文化产业发展的公共舆论看法并加以整理归类；其二是通过有效的舆论管理方法，针对当前已存在的关于文化产业的舆论进行引导；其三是针对某一突发的文化产业事件制造舆论，即以主动出击的方式进行舆论引导，以达到预期的管理目的。

(三) 文化产业舆论管理效果

文化产业舆论管理的效果体现在两个方面：其一是通过引导公共舆论，达到文化产业宏观管理的既定目标；其二是通过舆论监督，收集舆情信息，获得舆情反馈，发现文化产业宏观管理中所存在的问题，并开展动态的自我校正。

二、文化产业舆论管理的依据

文化产业的舆论管理何以开展?其实，政府开展舆论管理工作是有其学理依据的，可以从大众传播、公共管理以及市场信息管理三个角度找到其学理基础。

(一) 大众传播的角度

从大众传播的角度看，文化产业舆论管理工作的重中之重是抓住大众媒介这一关键环节，加强对大众媒介的管理将会使舆论引导达到事半功倍的效果。这是因为，大众媒介在舆论的形成、扩张过程中均起到决定性作用。马克思曾将报纸视为公共舆论的载体，他说："自由报刊，是社会舆论的产物，同样的它也制造这种社会舆论。"可见，公共舆论与大众媒介关系紧密，一旦离开媒介的依托，舆论便无法快速成型，更谈不上传播并形成影响。甚至可以说，公共舆论的产生是以媒介出现作为前提条件的。

当然，媒介与舆论也并非是完全同质的，二者亦存在相互制约的关系。这是因为，媒介虽然可以传播公众意见，代表公众发声却仍然拥有自身的立场及观点，且二者不可能完全重合。因此，有学者将媒介意见称为新闻舆论，以示与公共舆论的区别。媒介能够影响甚至控制舆论，舆论亦有削弱或抵制媒介之能，二者之间是相互制约的关系。舆论管理工作者只有理清了这些关系，才能通过大众媒介行而有效地开展舆论引导工作。

(二) 公共管理的角度

公共管理与公共舆论二者契合于公共利益，如果说公共管理的目标是公共利益的最大化，公共舆论则是这种抽象的公共利益的具体表达。因此，文化产业的舆论管理需要借鉴和吸收公共管理的研究成果。

首先，文化产业的舆论管理应注意公共性，舆论的出发点是公共利益，舆论管理则应当建立在尊重每一位公民基本权利的基础上，例如绝不能引导公民消费有可能危害社会公益的文化产品；其次，文化产业的舆论管理应注意适应性，即舆论引导的倾向应与当下文化发展之趋势相适宜，不能宣传或提倡逆历史潮流的文化思想内容；再次，文化产业舆论管理应注意回应性，即管理者必须时刻注意舆论动向，了解民众的最新文化需求，及时调整舆论工作导向，提高舆论管理效率；最后，文化产业舆论管理应注意公平性，由于当前社会信息透明度极高，民众对政府公共管理中的公平程度空前重视，这也对文化产业的舆论管理者提出了公平性要求，即舆论导向必须关怀到每个社会阶层，为其提供平等享受文化的空间，切不可一味满足或迎合单独一类人群的精神文化需求。

（三）市场信息管理的角度

从信息管理的角度看，文化产业舆论管理的任务在于，相关管理者或文化产业专家通过媒体发声，分辨文化市场各类信息的真伪，提高信息的准确度及透明度，谨防出现不完全信息下的市场失灵局面。

文化市场上的信息难免不对称，这是文化产业自身性质决定的。于是，如何在众多干扰信息中分辨出真实有效的信息成为市场参与者的共同需求。通过舆论管理工作，由从事文化生产领域的权威专家发声，对市场上的错误信息加以区分，从而能够消除市场参与各方的疑虑，实现高效的文化市场信息管理。

三、文化产业舆论管理的局限

舆论管理的大致过程是这样的：政府管理者的意志通过媒体机构发声并引导舆论，舆论对社会中的个体产生潜移默化的影响，从认知到行动，最终改变其行为决策。整个过程突出体现了"文化话语霸权"对公众的"异化"以及对社会文化思想多元性的消解。由此可见，文化产业舆论管理的实质是：倡导并宣传某一类的文化欣赏倾向及其对应的文化消费偏好，并通过"异化"后大众的购买行为达到产业发展目标。

早在20世纪40年代，学者阿多诺便在其著名论文《文化工业再思考》中阐述了类似观点，即建立在技术理性、经济理性基础上的现代文化工业将对社会文化产生负面效应，具体表现在公众被"异化"丧失艺术评判的独立性，思想文化多元性特征被侵蚀等方面。毫无疑问，文化产业舆论管理在其操作过程中，某种程度上刚好印证了阿多诺的这一思想。

四、文化产业舆论管理的趋势

随着互联网技术的发展以及便携式移动终端设备的普及，网络媒体的影响力早已覆盖了整个社会。网络媒体的最大特点便是，打破了过去由少数内容中心向外辐射信息的模式，取而代之的是，每个用户都可以作为信息的创造者、传播者，通过互联网媒介，能够随时随地地进行互动性质的信息交流。

在网络媒体的持续影响下，随着"网民"这一称谓的诞生，其声浪逐渐形成了一股"在线舆论"，也被称作网络舆论。有学者曾指出：网络舆论就是在互联网上传播的、公众对某一焦点所表现出来的有一定影响力的、带倾向性的意见或言论。网络舆论的影响力非常巨大，这是因为网络能够把传统社会中散落在各地本无法形成联系的民众攒到一起，他们的声音经叠加将异常凸显。结果就是，网络舆论中的观点、意见会在一轮又一轮的传播中无限放大。就一个热门话题而言，其浏览量一天之内就能过亿，其转载与评论的数量能够突破千万。这种形式下，文化产品—尤其是网络文化产品—的口碑度、销售前景毫无疑问将受到网络舆论的严重影响。例如，一部新上映的电影如果在网络影评中遭受到一定数量的攻击或责难，则势必会影响该作品在网络舆论中的口碑，进而影响到那些通过网络来了解这部电影甚至打算通过网络购票来观看这部电影的民众的选择。

由此可见，一方面，网络新媒体解构了传统环境下由等级、观念等差异所带来的传播壁垒，这使得文化产品能够在更短的时间内传送至更大的范围。另一方面，网络舆论方向的不确定性也给文化产品的市场销售带来风险。这些实实在在的变化无不在证实一点。随着舆论形态的推陈出新，文化产业的舆论管理工作也必须与时俱进．升级技术操作手段，同时改进舆论引导的工作思路，方能跟上时代步伐。

从国家宏观管理层面看，由于网络舆论的社会影响在日益增强，各国均提高了对其重视程度。我国政府向来重视网络舆论的引导工作，已积累了许多有益的管理经验，这些都可以用在文化产业的舆论管理上，从而有效应对新媒体形势下文化产业可能面临的问题。目前，我国已经在电影产业、出版产业等领域开展了网络舆情监测工作，以便及时把握该行业的舆论动态。

五、文化产业舆论管理方法

(一) 树立文化建设先进典型

在文化产业的发展过程中，总会涌现一些优秀的文化企业和文化产业从业人员。他们或者始终把社会效益放在首位，坚持正确的文化价值取向，取得了突出的舆论宣传效果；或者在社会效益与经济效益的结合点上摸索出了新的增长方式，取得了双丰收；或者在抵制、规范非健康文化趣味方面获得了新经验，产生了新成果等等。这些单位和个人，连同其成绩、经验、成果，都非常值得去大做宣传，大张旗鼓地肯定。因为这绝不仅仅是宣传表扬了某一个单位或个人，而是在为全社会、为整个文化产业领域树立一个"典型"，即一个能够让大家学习的榜样。这个榜样具有示范作用，既能向人们展示其先进的内涵，以及达到先进的途径，以供人们仿效，又具有表率作用，能带动一大批文化企业和从业人员致力于建设先进文化，致力于文化创新。因此，树立先进典型，往往能取得事半功倍的管理效果。

(二) 宣传国家文化产业政策

对于我国来说，大力宣传国家文化产业政策就是要在政府主管部门的指导下，通过大众媒体或者其他形式，广泛地宣传为促进我国文化产业发展而制定的各项政策，包括宏观产业政策、各项财税促进政策以及各文化子行业的发展规划，明确发展文化产业成为国民经济支柱型产业的路线方针，宣传建设社会主义先进文化的文化发展大方向，同时注重社会效益同经济效益的有效统一，弘扬文化生产为人民服务、为社会主义服务的宗旨，号召文化产业的从业者创造能够准确体现时代精神、进步思想观念和能够生动反映人民群众的伟大实践的文化产品以及艺术作品。在此基础上，引导我国在建设文化产业中切实做到以科学的理论武装人、以正确的舆论引导人、以高尚的精神塑造人、以优质的产品鼓舞人，进而营造一个思想导向正确、市场条件完善、创新能力十足、科技含量蒸蒸日上的整体文化产业发展氛围，感染大众，带动各类社会资源，投入我国文化产业的发展大业。

（三）开展新闻、文艺评论

新闻、文艺评论，又称文艺批评，是指对新闻、文学艺术作品和各种文化现象的思想、审美及其他价值的分析、判别和确认。健康的同行间和广大公众的艺术评论有着极为强大的社会影响力。这种评论体现了公民社会的本质，可以帮助艺术家抵制权力的侵害，保护艺术家的创作，还可以帮助艺术家抵制来自金钱的侵害。市场经济所特有的牟利倾向具有一种内在的力量，驱使艺术生产机构和经营机构纯粹为赚钱而生产经营，从而使人淡忘自己所应承担的公共道德责任。而健康的艺术评论就像一剂清醒剂，促人猛醒。

从评论主体的不同来划分，它大致可以区分为两个不同的类型：一是大众评论；二是专家评论。

大众评论基本以鉴赏为主要特征，评论标准是大众的思想与审美趣味。它往往不一定形成文章或著作，有时只是一种存在于大脑之中的直感，或者是浅尝辄止的三言两语，虽然不一定具有权威性，但却反映着大多数普通消费者的共识，决定着文化产品和文化现象的畅销与流行与否。现在国内有些报纸上开办的时事、影视短评或一句话评论专栏，就是典型的大众评论。

专家评论基本以研究为特征，评论标准往往具有很强的学术性和探讨性，而且研究成果最终会形成理论性和逻辑性都很强的论文或著作。专家评论以其对文化产品和文化现象深入、全面、科学的认识，而在文化产品和文化现象的价值、成就、影响和地位认定上，具有很高的权威性，是决定文化产品和文化现象能否显现出真正价值甚至流芳百世的重要因素之一。因此，专家评论往往更具有权威性、引导性，文化管理部门或主流媒体完全可以通过组织或鼓励专家写评论，来把政府的把关巧妙地融入评论的"把关"中去，从而起到引领大众评论、引导社会舆论的作用。

当然，并不是说大众评论就低一个层次，只能被引领、引导。事实上，大众的评论反映着时代对文化的最新要求，专家们不能不对此加以重视，并适当地反映到自己的评论中去。同时，专家评论以其精当、超前的思想与审美价值判断对大众评论起着指导和深化作用。它们一雅一俗、一深一浅地对文化产品和文化现象进行了全方位、多角度的审视和评价，共同推选出时代最佳的文化产品、文化产业工作者和文化活动，从而显示出文化的前进方向和趋势。

(四) 举办大型文化活动

一些大型的文化活动，如文艺竞赛、文化评奖等，由于参与者众多且集中，吸引的眼球也会很多，这时推出的优秀文化产品会比平时更加引人注目，产生的优胜者或获奖者也会产生更大的社会影响。这无疑为文化产业管理者创造了又一个向全社会表达和推销自己的文化倾向与示范标准的平台。

文艺竞赛，是指各种有组织的并且带有明显比赛性质的文化艺术活动。它往往是由一个或几个单位主办，这些单位可以是国家的文化主管部门，也可以是文艺界的组织和民间文艺团体，还可以是某些从事或热心文化艺术生产的企业和个人，他们出资出人，成立竞赛委员会，主持文艺竞赛的全部工作。文艺竞赛往往还规定了具体的参赛对象和参赛内容，如全国专业歌手通俗唱法大奖赛，就明确规定参赛对象为全国的专业歌手，业余歌手一律没有资格参加，而参赛内容必须是通俗歌曲的演唱，美声和民歌均不在参赛之列，这使比赛往往具有很强的目的性、针对性和专业性。文艺竞赛最后还须评选出优胜者，加以表彰。由于竞赛本身引人注目，优胜者也很有可能在一夜之间成为文艺明星，为其以后的文化艺术活动奠定良好的基础。因此，文艺竞赛又是一个选拔和培养文艺新人的良好途径。文艺竞赛对文化产业管理的促进作用也很明显，因为参加竞赛和在竞赛中获奖的作品都有着文化产业管理者所积极倡导的积极、健康、向上的内容与格调，它们的脱颖而出，本身就是对文化产业管理的最终目标的宣传与弘扬。

文化评奖与文艺竞赛有些相似，也是通过在相互的竞争中评选出优胜者并予以奖励的方法来张扬和提倡主流与优秀文化，但它不像文艺竞赛那样落实为每一次具体的比赛活动，而是体现为一个个在较长时期内的长设奖项，如美国的电影奥斯卡奖、新闻普利策奖，瑞典的诺贝尔文学奖，中国影视界的"百花奖"、"金鸡奖"、"飞天奖"及戏曲界的"梅花奖"，文学界的"茅盾文学奖"等。文化评奖的针对者有时不像文艺竞赛那样只限于报名参赛的人和作品，而是一定时间内所有已发表、出版、演出、展览或上映的文化艺术作品，不管你是否申报，都在评奖范围之内。所以，文化评奖往往体现出一个国家或地区的文化发展在某一领域的最高成就，无论是对于广大文化工作者来说，还是对于各种各样的文化活动来说，它都具有其他任何方法所无法代替的示范性影响。

文化产业舆论管理通过文艺竞赛、文化评奖等方式，能够向人们昭示严肃、健康的文化发展的主流，指明文化产业发展的方向，对全国的文化产业的从业者起到很强的示范性作用，同时还能对繁荣文化生产、活跃文化欣赏氛围起到良好的作用。因此，用这些方法来提倡、鼓励和宣传社会要发展的优秀的文化产品及文艺作品，比用行政命令的方式来规定应该写什么、看什么的效果要好得多，影响也更为深远。

第七章　文化产业发展的核心
竞争力培育

随着我国社会经济的快速发展，文化产业在经济增长中的促进作用越来越显著，并已成为我国实现新一轮经济增长的战略性产业。而发展文化产业，最重要的核心就在于增强其竞争力。谁掌握了文化产业的竞争力，尤其是核心竞争力，谁就具有了文化软实力的持续增长潜力，这对推动社会经济所起的作用将无法估量。从理论和实践两个角度来看，如何尽快掌握、发展文化产业的核心竞争力，取得产业竞争优势，是决定产业经济发展的关键，甚至直接关系到文化产业能否真正成长为国家国民经济的支柱性产业。

第一节　文化产业的核心竞争力及其支撑体系

一、文化产业核心竞争力

(一) 核心竞争力的内涵

核心竞争力最初是指企业优于他人的核心实力，是关于企业整体能力和发展前景的一个概念。"核心竞争力"这一概念是 1990 年美国密歇根大学商学院教授普拉哈拉德(C. K. Prahalad)和伦敦商学院教授加里·哈默尔(Gary Hamei)在其合著的《公司核心竞争力》(The Core Competence of the Corporation)一书中首先提出的。他们将核心竞争力定义为："在一个组织内部经过整合的知识和技能，尤其是关于怎样协调多种生产技能和整合不同技术的知识和技能。"也就是说，核心竞争力是企业竞争力中能使企业保持长期稳定的竞争优势、获得稳定超额利润的最基础的竞争力，是企业所特有的、能够经得起时间考验的、具有延展性、稳定性且竞争对手难以模仿的技术或能力。

具体来说，核心竞争力是指企业通过技术更新、战略决策、生产制造、市场营销、内部组织及协调管理等方式的交互作用，使自身保持竞争优势、获得稳定超额利润的能力。这种能力多为知识和能力体系，具有价值优越性、不可模仿性、不可交易性、异质性、难以替代性等特点。因此，从企业的角度分析，提高核心竞争力，既是企业优化各环节并对各环节进行有机联结、突出战略环节的管理结果，同时也是企业价值链管理的重要手段之一。

后来，人们将核心竞争力这一概念扩大到对产业的分析，从而产生了"产业核心竞争力"这一概念。产业核心竞争力即产业的竞争优势。对于文化产业而言，创造并培养文化产业的竞争优势，就等于形成文化产业的核心竞争力。文化产业竞争力主要包含四大能力、七大内容。四大能力分别为创新能力、市场拓展能力、成本控制能力以及可持续发展能力；七大内容包括产业实力、产业效益、产业关联、产业资源、产业能力、产业结构以及产业环境。

在业内，根据现有对文化产业核心竞争力的研究，李勇、李曼罗认为，文化产业核心竞争力是文化产业部门配置、开发、整合的能力，并提出通过组织学习以及采用现代管理来提升文化产业的核心竞争力。郑茂林认为，文化企业核心竞争力是指文化企业获取并保持可持续竞争优势所拥有的关键资源和核心能力的最佳组合。吴飞则认为，传媒核心竞争力包括团队的创造力、对市场的洞察力和预见力以及团队的协作能力。

从对文化产业的研究现状来看，尽管目前各个国家的专家学者都高度重视文化产业的行业研究和区域研究，并对文化产业核心竞争力展开了研究，但这些研究多是从宏观的国家层面来进行的，或是从文化产业中某一产业分析来进行的。尽管也有学者对其内涵、特征、构成要素以及发展策略进行探讨，但他们的研究往往局限于某一文化产业，或者对文化产业核心竞争力的分析停留于一般层面上。总的来看，现有的专著及理论对文化产业核心竞争力的研究尚缺乏全面性和系统性。

作为文化产业保持稳定持久竞争优势的核心能力，核心竞争力具有不可模仿性和不可替代性，是提高文化产业竞争力的前提和基础。美国、英国等文化产业发达的国家之所以能在文化产业稳定持久发展的基础上保持竞争优势，关键就在于他们拥有文化产业核心竞争力。虽然我国文化产业发展相对落后，但经过近20年的发展，已逐渐由粗放型进入了集约型发展的阶段。在此背景下，要想保持竞争优势、实现可持续发展，关键举措就是培育文化产业的核心竞争力。

(二) 核心竞争力的特征

文化产业的核心竞争力，是文化产业经济发展的核心与关键。基于文化产业的产业特性、文化的区域特性，文化产业核心竞争力的特征主要表现在以下五个方面。

1. 独特性

文化产业核心竞争力是文化产业发展到一定阶段的产物，是深层次竞争力，是在长期实践中通过市场竞争的反复磨炼而建立起来的内在或内化于产业的能力，竞争对手难以在短时间内掌握、复制和超越。如果文化产业的"专长"很容易被对手模仿、复制，或对手通过努力很容易就能实现，那么它就很难拥有持久的竞争优势，也就无法成为核心竞争力。文化产业一旦拥有这种核心竞争力，就能够依托这一优势迅速占领目标市场，拥有独特的消费群体。

2. 动态性

核心竞争力虽然产生于文化产业自身，但它是与一定时期的产业动态、资源环境以及其他能力等变量高度相关的。随着相关因素的变化．尤其是随着技术的发展，随着文化产业基础设施的完善或创新成果的普及，核心竞争力的内部构成元素会动态发展，从而导致核心竞争力动态演变。核心竞争力只是某一时期文化产业在市场竞争中处于优势地位的一种体现，但这种优势地位的形成并不是一成不变的，竞争对手会通过各种努力挑战这种优势地位。因此，如果拥有核心竞争力的文化产业不维护更新现有的核心竞争力，不培育新的核心竞争力．那么这种竞争优势地位就有被竞争对手夺走的可能。

3. 协同延展性

所谓文化产业核心竞争力的协同延展性，是指文化产业能够从其核心能力中衍生出一系列新产品或服务，为文化产业打开多种产品或服务的市场提供支持。具体来讲，通过核心竞争能力，能够实现文化产业的多元化经营，最大限度地满足人们的文化产品或服务需求。比如，资源型文化产业可以在核心竞争力的引导下，以某种文化资源为基础，生产出一系列文化旅游商品；能力型文化产业可以利用同一个新闻主题，在电视、广播、网络媒体等不同平台使用；技术型文化产业可以把动漫形象的使用扩展到文具、服装、饮食等其他行业。所以，不论哪种文化产业，都可以通过核心竞争力实现文化资源和内容的共享，形成产业链，将核心竞争力所在领域的优势延展到其他领域，带动其他领域的发展，为文化产业的全面发展提供基础与可能性。

4. 价值优越性

文化产业核心竞争力必须有助于体现文化消费者的价值，维护消费者的根本利益。其价值特征表现在三个方面：首先，核心竞争力在创造价值和降低成本方面具有核心地位，能显著提高文化产业的运营效率；其次，核心竞争力能创造和实现顾客价值，使消费者满意；最后，核心竞争力是文化产业区别于竞争对手并优于竞争对手的根本原因，即核心竞争力对产业自身及顾客都具有独特的价值，对文化产业赢得和保持竞争优势具有特殊的贡献。

5. 系统整合性

是否拥有系统整合性，是核心竞争力的显著标志。分散的技术或技能无法形成核心竞争力。核心竞争力是构成竞争能力和竞争优势基础的多种技术、技能和知识的有机整合体，是多种能力融合、提炼、升华的结果。在文化产业核心竞争力形成的过程中，整合不仅仅指整合技术、技能以及知识，同时也包括整合文化资源、组织结构等。实际上，文化产业的整合过程是文化组织自身学习的过程，是对产业内部资源进行协调、优化、整合的过程。在某些情况下，整合可以使一些原本十分平常、散乱的技术和资源组合成一种超强的核心能力。

(三) 核心竞争力的重要性

核心竞争力对中国文化企事业单位来说至关重要。文化企事业单位要想提高自身的核心竞争力，就必须将发展重点放在加强自身的知识和能力体系上，如实施人才战略，不断自主创新和建立学习型组织等。

实施人才战略的重点在于以人才为本，各文化企事业单位应为其发展积极吸纳人才、汇聚智力。在文化领域，人才是发展的核心动力，起着至关重要的作用。没有人才的聚集，一个企业乃至一个国家的文化发展就是一句空谈。因此，在某种意义上，文化的竞争就是人才的竞争。我国的文化企事业单位应当制订和实施长远的人才发展战略，不仅要吸引人才、留住人才、培训人才，而且要合理地利用社会上的人才资源，使他们能够以智慧、创意与知识为企业服务，不断推动文化企事业单位的业务发展。

不断自主创新，是文化企事业单位实施人才战略的必然结果，也是提高核心竞争力的重要条件。

自主创新，意味着文化企事业单位应当始终把不断创造、提供优质、创新、大众化的文化产品和文化服务放在首位，应当根据市场的变化和发展的需要不断进行知识创新、技术创新、机制创新和管理创新，以创新来引领文化消费，使企业始终站在市场前沿，从容应对激烈的市场竞争。

企业的核心竞争力，在有的学者看来，是"组织中的积累性学识，特别是关心如何协调不同生产技能和有机结合多种技术流派的学识"，这种学识的获得，往往需要企业进行长期的学习和积累。因此，文化企事业单位应努力将自身建设成为学习型组织，即通过有效的持续性学习和培训，不断吸收新知识和新信息，建设一个具有良好学习氛围、能够充分发挥员工潜能和创造性思维能力、能持续发展的组织，这种组织不仅善于不断学习，更重要的是能够将学到的知识、经验与技能加以转化，使之成为企业核心竞争力的重要优势。

因此，尽快培育我国文化产业的核心竞争力，是当前发展我国文化产业的重要措施和重要任务之一。目前我国对文化产业的研究仍停留在现状、问题及对策等一些表面问题上，对文化产业竞争力及核心竞争力等深层次问题研究较少，无法满足我国文化产业发展的需要。

二、文化产业核心竞争力的支撑体系

文化产业核心竞争力本质上是一种核心能力，是一种能够为文化企业带来高于社会平均收益水平的持久稳定的能力。文化产业核心竞争力是竞争力中最关键、最核心的部分，在竞争中起着主导作用。要想全面发挥它的主导及核心作用，我们就必须深入、全面地了解文化产业核心竞争力的支撑体系，从构成要素入手进行分析，掌握核心竞争力的构建。

(一) 文化产业竞争力的构成要素

从系统论的角度来讲，文化产业竞争力是由众多要素构成的，涉及经营和管理的各个方面，是一组资源和能力的集合体。文化产业竞争力的构成要素主要表现在以下七个方面。

1. 品牌资源

美国著名品牌策略专家莱瑞·莱特认为，"拥有市场比拥有工厂更重要，而拥有市场的唯一办法是拥有占市场主导地位的品牌"。品牌是决定市场胜负的关键，是一种特殊的资源。在文化产业经营管理中，品牌已经成为文化产业战略的核心，是提高竞争力的重要手段。因此，在打造文化产业竞争力的过程中，必须注重文化特色、品牌定位、品牌形象等方面的建设。

2. 政策资源

文化政策决定着整个社会文化运作的体制和机制，决定着文化领域内经济结构的组合形式和发展趋势。文化产业政策体系的建立对于改善文化产业的投资环境、生产环境、市场环境具有重要作用。可见，政策资源是文化产业得以生存和发展的重要保障，文化产业主体必须熟悉国内外文化产业的"游戏规则"，充分利用政策杠杆，为自己增加竞争优势。例如，我国动漫业的迅速发展正是得益于国家的优惠政策，中央电视台更是依靠国家电视台的各种倾斜政策而大大受益。

3. 人才资源

人才资源是文化产业竞争力的关键构成要素。人才资源具有增值性，尤其对于那些创新要求高的文化产业来说，人才资源的作用更是不容忽视，它往往决定着文化产品的创新频率和水平。因此，人才资源应是文化产业竞争力产生和发展中最宝贵的资源。

4. 市场响应能力

市场响应能力是指文化产业生产部门在恰当的时间内对重要事件、机会以及外部威胁提出有意义的、具有前瞻性的处理办法并迅速采取行动的能力。在如今以消费者为中心的市场经济条件下，文化产业必须具有市场响应能力，必须了解消费者现实的和潜在的需求，并尽可能地贴近消费者，通过洞察消费者的现实需求，挖掘其潜在需求并使之成为其经济上能承受的欲望，进而转化为现实需求，形成消费市场，最后通过提高文化产业的经营管理水平，不断开拓并适应市场，从而领先于竞争对手做出决策并及时做出反应，进而使文化产业与市场紧密联系在一起，创建一个与消费者互动的双向通道。只有这样，文化产业才会拥有强大的核心竞争力。

5. 经营管理能力

在市场经济条件下，文化产业大部分实行"事业单位，企业管理"的管理方法，因此，文化产业组织应转变为自负盈亏的经营实体，而产业化经营能力、资本运作能力、信息获取能力、研发管理能力、生产管理能力等经营管理能力都是管理文化产业企业所需的、必不可少的能力，它们在一定程度上能够促使文化产业更为有效地利用各种资源、凝聚人才、打造品牌、拓展市场、扩大覆盖，从而提高竞争力。

6. 持续创新能力

创新能力是文化产业核心竞争力永不枯竭的源泉。对于文化产业来说，其竞争力最终是通过文化产品来体现的，而文化产业在某种程度上又是内容产业，持续发展的创新能力是文化产业核心竞争力长久不衰的根本保证，并能使文化产业在产品内容、产品形式、科技手段、组织结构等方面持续不断地更新和发展。

文化产业创新既包括文化生产技术创新、文化产品创新，还包括体制创新、管理创新、经营创新、营销创新以及市场创新等。因此，通过文化产业的持续创新能力，文化产业可以获得成本控制能力、市场拓展能力以及持续发展能力。拥有自己的核心技术是获得竞争力的必要条件，拥有自己的核心产品更是文化产业保持竞争优势的根本保证。但仅有核心技术和核心产品还无法获得持久的竞争力，文化企业还必须具备获得和保持核心技术和核心产品的能力，即创新能力。持续创新能力是文化产业最根本的能力，是文化产业竞争力经久不衰的重要保证。

7. 资源整合能力

整合能力主要是指把相互关联的能力、知识和信息整合起来的能力，有了这种能力，企业就可以在组织内部和外部创造、转移和组合新知识，并将其快速有效地应用到产品中。这些相关联的能力主要包括信息能力、决策能力和迅速执行决策的能力。整合能力是竞争力的转换要素，可以促使文化产业更有效地利用资源和能力、扩大经营范围、提高企业的市场竞争力。

资源是文化产业的重要生产要素之一，从事任何文化生产活动都必须有各种资源的支持，文化产业本身就是一组资源的集合体。从某种程度上说，文化产业之间的竞争，实质上就是各种资源的竞争，文化产业是否具有竞争优势，不仅取决于资源的数量与质量，更取决于其整合资源的能力。资源整合能力是将系统内外各种资源互相渗透整合，从而增强文化产业市场竞争力与影响力，使文化产业的社会效益和经济效益最大化的行为，它是文化产业核心竞争力形成的基础。即使拥有同样的技术、人才与知识产权等资源，核心竞争力也可能千差万别，主要原因就在于整合、形成竞争力资源的能力有差异。孤立、单一的资源利用效率最低，只有将多种资源灵活运用、相互共享、有效配置，才能使文化产业最大限度地发挥其优势，形成核心竞争力。

文化产业作为知识密集型产业，其资源整合不仅包括知识、技术、人力资本以及物质资本等内部资源的整合，也包括一系列社会资源的整合。文化企业可以通过文化产业资源的相邻扩展、领域跨越和资源重组这三种方式，将分散、闲置的内部资源整合起来，有效地提高资源利用率，节约文化生产成本，实现文化产业的生产效益最大化。与此同时，文化企业还可以通过外包、并购以及联盟的方式，将社会资源整合到文化产业领域内，增加获取信息的途径，提高信息的准确性及时效性，从而充分识别、把握外界环境中的机会，及时获得互补性资源，有效地弥补自身资源的不足，进而充分提高自身资源创造价值的潜力。

（二）文化产业核心竞争力的支撑体系

培育和打造文化产业的核心竞争力，不仅需要完善的内部运行机制，更需要良好的外部运营环境。脱离了培育文化产业核心竞争力的环境，再好的内部运行机制也无法打造出真正的核心竞争力。一般来说，文化产业核心竞争力的外部环境主要表现为政府的文化产业政策和相应的法律法规。因此，在打造文化产业核心竞争力的环境时，政府发挥着至关重要甚至决定性的作用。就目前我国文化产业的运营环境来说，政府应从以下几个方面入手，构建一个更有利于培育文化产业的核心竞争力的环境。

1. 公平有序的市场环境

首先，政府应打破文化市场壁垒，放宽准入条件，建立更加开放的文化市场准入机制；依法整顿治理文化市场秩序，加强文化市场的管理，注重文化市场的培育发展，削弱文化产业的垄断。

其次，政府应进一步改革文化产业管理体制，转变政府职能，理顺党和政府在文化产业管理中的相互关系与所处地位，改进领导管理方式，真正使政府从文化产业市场中退出来，由参与者转变为监督者和服务者；实行政企分开和管办分离，建立文化资源快速流通渠道，发挥市场对文化资源的基础性配置作用，为培育文化产业的核心竞争力提供一个更加公平、规范、统一的文化产业市场。

2. 完善的法律保障体制

全面系统的法律保障在文化产业核心竞争力的培育中起着毋庸置疑的作用。我国的知识产权保护问题，是制约我国文化产业特别是创新型文化产业发展的一个重要因素。建立健全知识产权保护法，保护文化创新，坚决打击盗版活动，是打造文化产业特别是创新型文化产业核心竞争力的前提和基础。但实际上，文化产业核心竞争力的培育需要一系列法律法规的保护，仅靠知识产权保护法还远远不够，还要有反垄断法、环境保护法等等。因此，在打造文化产业核心竞争力培育环境的过程中，必须建立健全这样一套法律体系。另外，在执法过程中，还要克服无法可依、执法不严的现象，这样才能真正有助于文化产业核心竞争力的培育。

3．完善的产业政策体系

完善的产业政策对培育核心竞争力起着非常重要的作用，文化产业作为一种特殊产业，也不例外。文化产品不仅具有商品属性，更具有意识形态属性。因此在培育文化产业核心竞争力的过程中，政府必须制定与文化产业发展相适应的特殊政策，建立包括技术政策、市场政策、投融资政策以及优惠政策在内的政策体系，理顺产业政策之间的关系。

建立和完善文化产业投融资政策，鼓励业外资本、社会资本、民间资本乃至境外资本进入文化产业：一方面吸引这些资本参与文化产业的基础设施建设，另一方面鼓励他们以资本金投入(参股)、无偿资助、贷款贴息等方式直接或间接地投资文化产业。另外，也可以通过企业债券、股票等融资手段促进文化产业的跨越式发展。与此同时，还要提高政府的政策性贷款。目前，我国政府用于扶持文化产业发展的政策性专项资金已有所增加，对新兴和创新型文化产业实行低息或贴息贷款，并利用差别税率促进文化产业的发展，对有着良好前景的文化服务商品给予财政补贴。

4．创新型文化人才培育体系

文化产业对人才有着更加特殊和严格的要求，尤其是数字人才、艺术人才、软件开发人才以及媒体经营管理人才，对他们更是有着特殊专业知识结构的要求。目前，我国文化产业人才，特别是创新型文化产业人才，十分匮乏，已经严重制约了我国文化产业的进一步发展。因此，加快文化产业专业人才的培养，完善文化产业人才激励机制，拓宽文化产业人才选拔途径，创造有利于优秀文化产业人才脱颖而出的机制，对于文化产业核心竞争力的培育具有重要而深远的意义。

在构建创新型文化人才培育体系的过程中，政府必须发挥主导作用，如：建设文化产业人才培训基地；鼓励国家建设文化产业创新与发展研究基地；鼓励有条件的综合性大学参与文化产业人才的培养；倡导高校开办文化经营管理专业及相应课程，培养复合型文化管理人才；改善文化产业人才管理制度；建立规范的文化产业人才有偿转让和流动机制，通过合理的人才流动，最大限度地发挥人才资源的效益；实施引得进、留得住、用得活的文化产业人才发展战略，聘请海外文化产业高级人才，从而打造文化产业核心竞争力。

5. 文化产业结构的调整和文化产业集群区的建立

目前，我国文化企业虽然数量较多，但产业结构不够合理，主要表现为大型文化企业及大型文化产业集团较少，文化产业缺乏竞争力。因此，在文化产业核心竞争力的培育过程中，一方面应该充分发挥政府在文化资源配置中的基础性作用，以培育文化产业集团为重点，推动文化产业的兼并和重组，打破地区、部门、行业的界限，组建跨媒体、跨行业、跨地域的文化产业集团，最大限度地提高文化资源的利用效率；另一方面应该调整文化产业经营策略，支持文化产业跨地区、跨行业投资，提高集约化经营水平，不断拓宽经营范围和发展空间，鼓励有实力的文化企业以市场为导向、以资本和业务为纽带，运用联合、重组、兼并、上市等方式，整合优势资源，发展成为具有超强核心竞争力的大型文化产业集团。

另外，政府应该积极培植文化产业集群区，将联系密切的文化企业以及相关支撑机构集聚到一起，形成文化产业集群区或文化产业园区。文化产业园区的优势在于能更好地促进文化产业与高新技术的结合，能调整和提升文化产业结构，增加文化产业内容的科技含量。它不仅能有效地积累知识和信息，为文化产业核心竞争力的培育提供创新来源，而且还能提升资源整合的效率，实现文化产业内部分工的外部化，使所有参与分工的文化产业实现规模经济。

总之，我国政府相关部门应该通过培育大型文化产业集团，建立文化产业基地和文化产业园区，发展特色文化产业和优势文化产业，形成我国特有的支柱性文化产业群，从而打造和培育我国文化产业的核心竞争力，使我国文化产业能够在国际竞争中争得一席之地。

第二节　文化产业品牌培育

一、文化品牌及其品牌效应

（一）品牌的内涵及其作用

所谓品牌，一般是指产品与社会多方面关系的总和。它是一种名称、标记或符号，是一种承诺、象征、价值和文化，是一切无形资产总和的全部浓缩，它代表着消费者因其在生活中对产品与服务的感受而滋生的信任和关联性，品牌的符号价值能够给消费者带来地位感、身份感和快乐感。中国策划研究院院长余明阳教授曾说："农业时代竞争土地，工业时代竞争机器，到了信息时代就要竞争品牌"。自然，文化产业品牌不能完全等同于一般意义上的品牌。文化品牌，是文化产业品牌化的结果，是文化的经济价值与精神价值的双重凝聚。

文化产业要赢得市场，参与国际国内文化资本的激烈竞争，使自身立于不败之地，就必须走品牌化建设之路，就必须打造有强大竞争力的文化品牌，因为只有品牌才有经济的竞争力和市场的感召力。以传媒业为例，支配着全球传媒文化产业市场的主要是九大传媒巨头：时代华纳、迪士尼、贝塔斯曼、维康、新闻集团、索尼、通信公司、环球影业和日本广播公司，这些品牌企业的年收入都在数百亿美元。如果从全球角度看，世界上95%的娱乐市场是被全球最大的50家媒体娱乐公司占据着，90%以上的新闻制作被美国和西方的文化集团所垄断。

在发达国家，文化产业之所以成为支柱产业，与其文化品牌发挥的作用密不可分。美国文化产业的增加值绝大部分是由"迪士尼""好莱坞"等具有品牌优势的公司所创造的。迪士尼把动画片所运用的色彩、刺激、魔幻等表现手法与游乐园的功能相结合，1955年推出了世界上第一个现代意义上的主题公园，1984—

1997 年，迪士尼的总收入从 16.5 亿美元提升到了 220 亿美元，市值也从 20 亿美元提升到了 670 亿美元，2008 年迪士尼品牌在《商业周刊》(Business Week)和 Inter Brand 评出的世界品牌价值 100 强(这是世界最权威的品牌评估机构之一)中名列第 9 位，其品牌价值为 292.51 亿美元。而 2012 年迪士尼市值高达 895 亿美元。2015 年 11 月 5 日，迪士尼公司发布了 2015 年的财报。收入超过 500 亿美元，市值逼近 2 000 亿美元，这家公司过去一年的表现令华尔街刮目相看——迪士尼的股价也在过去一年上涨了 30%。

在当今世界，经济的竞争就是品牌的竞争，而品牌的实质是文化。可口可乐、肯德基代表了美国文化，三星代表了韩国文化，同仁堂、全聚德代表了中国文化。人们在购买产品时，不仅仅购买产品的使用价值，而且购买一种品牌、一种文化。文化品牌是以物质为载体，以文化为依托，是一种浓缩了的心理或社会内涵的符号系统，它提供给消费者多种精神享受，使消费者能够区分出不同文化销售者的产品和服务，使市场呈现差异化竞争。高文化内涵的产品是文化消费的核心产品，文化品牌价值越大，在市场上的竞争力越强，在我国还未全面实现小康社会的今天，人们投入文化消费的支出比例还很小的情况下，花最少的钱获取最完美的享受，是大众消费的心理。这种消费心理决定了人们在选择产品时，越来越注重追求文化内涵丰富的品牌。

(二) 文化产业品牌的效应

文化产业品牌的效应主要表现在以下几个方面。

1. 聚合效应

指品牌的吸引力，聚合人、财、物等资源的能力，吸引社会认可、政策倾斜以及管理经验的能力等，使品牌进一步稳固实力，扩大规模，不断发展壮大。例如，山东省最近就连续出台了一系列促进文化产业发展的政策，并从多方面提供优惠，鼓励文化产业的发展及其品牌的打造，这就显现了文化产业品牌的聚合效应。

2. 光环效应

文化产业品牌作为经济、文化领域中的佼佼者，常常会给自己的员工、受众带来一道美丽的光环。在这美丽光环的照耀下，员工及其受众会受到一种正面的激励和影响。文化产业品牌的名气、声誉会对政府、社会、家庭及其社会公众产生一种亲和力和认同感。社会公众会慕名而来，政府、社会也会关心、支持，会给文化组织的发展创造良好的环境。

3．磁场效应

文化产业品牌在社会受众中树立起极高的威望，它就像磁石一样吸引社会公众，为社会公众所向往。有了一个忠实的受众目标群，就会形成良性循环，组织因品牌而更加有名，又因有名会变得更加优秀。

4．内敛效应

指对组织内部员工的凝聚作用。形成文化品牌的组织一般都是社会上的成功者。组织的成功，品牌的良好形象会使员工产生自豪感和荣誉感，使员工的精神状态得到提升，并逐渐升华成为一种组织文化，从而给每一位员工以新的士气、志气，使员工的积极性、主动性、创造性得到激发调动，使组织的各种资源实现优化组合，从而提高工作效率，进一步提升组织的水平和形象。

5．带动效应

品牌组织具有龙头带动作用，它既可以对某一城市、地区的文化产业发展产生带动作用，也可以对相关的行业起带动作用，还可以对某一领域的经济发展产生带动作用。例如滨州市开展的黄河文化传播工程，就不仅带动了黄河文化的发展，而且促进了当地经济的发展。

二、文化产业品牌的打造

中国文化产业要真正在世界舞台上占有一席之地并把"中国形象"展现在世界人民面前，打造一批强势的文化产业品牌是关键。文化产业品牌符号的特殊性和巨大的市场价值要求我们遵循产业发展的规律来规划和构建我们的品牌战略。

(一) 做好战略品牌分析

战略品牌分析的着力点在于调查和研究目标对象的审美偏好和消费需求，了解竞争者的优势和劣势，分析评估自身的优劣势，为下一步的品牌战略定位打好基础。

1. 消费者分析

一个产业发展的市场前提是存在特定的市场需求。中国经济高速发展，人们在物质生活需求日益得到满足之后，对精神文化需求越来越迫切，这为文化产业发展提供了极大的市场契机。我们知道品牌在本质上体现的是一种"产品—消费者"关系，文化产业提供的产品以符号形式存在，但是它在营销过程中体现的还是一种需求对应模式。消费者分析的关键是要积极主动地调查和研究不同年龄、性别、阶层等消费人群在不同阶段的特定需求和审美偏好，这样才能真正有针对性地开展"以销定产"。

2. 竞争者分析

当前世界文化产业市场主要由欧美、日韩主导，中国的文化市场也大量被国外的文化产品占领，其中又以美国好莱坞的电影产业和迪士尼的动画、日本的动漫、韩国的网络游戏和影视剧为甚。我们要正视差距，认真分析它们的竞争优势和产业发展的成功模式，同时寻找它们的劣势所在，从而扬长避短，占领更多的细分市场。

3. 自我分析

中国发展文化产业具有自己独特的竞争优势。巨大的市场容量、丰富的文化资源、一大批优秀的文化创意人才为打造文化产业强势品牌提供了坚实的基础。同时我们更要清醒地认识到中国文化创意产业在观念、体制等多方面的薄弱之处，知己知彼，才能有的放矢。

(二) 建立强有力的文化产业品牌符号识别系统

强有力的品牌识别不但是体现品牌价值、建立品牌和顾客良好关系的基础，更是品牌战略远景的核心内容。针对文化产业无形性的特点，文化产业品牌符号的识别系统应该重点围绕"符号的品牌"、"个人的品牌"和"组织的品牌"展开，它们共同构成文化产业品牌符号的核心价值。

1．符号的品牌

消费者对文化内容的消费不是对物质产品的消费，而是对符号的消费，所以打造文化产业强势品牌首先要从符号生成的角度入手。关于符号的品牌这里主要是指强有力的品牌名称、标志和设计等，它们作为文化品牌的象征符号而存在。象征符号的意义是约定俗成的，在文化产业品牌中，这种积极的象征意义就来源于文化创作者富有创造力的创意构思，并通过持续一致的品牌传播活动来强化这种品牌的意义。符号的品牌以品牌名称、标志和设计等视觉形象作为其"能指"，而被人为赋予的象征意义则构成了这个品牌符号的"所指"。文化创意工作者在构思创作这些视觉符号时，既要注重"能指"的娱乐性，也要注重"所指"意义的传达。如现在国家大力扶持的以动漫、游戏等为代表的数字娱乐产业，对形象的创作和生产构成了整个产业的核心。而形象首先就表现为以名称、标志和设计等为表现形式的品牌标识，它们构成了形象品牌的象征符号。

2．个人的品牌

品牌个性是品牌人格化、个性化的差异性表现。一个强势的文化产业品牌符号必须具有自己独特的个性，因为它不但是保持品牌独特差异性的重要方面，还与理想的消费者形象相对应，是构建消费者和品牌关系的基础。从整个中国文化产业品牌战略来看，品牌个性既要体现出一种鲜明的中国民族特色和中国风格，诞生一批具有时代特征、中国特色的内容品牌和形象品牌；同时也要体现出一种兼容并蓄的博大胸怀，因为文化的多样性并不能掩盖人性的开放特性。如好莱坞的商业类型片，它在展示、宣扬美国主流价值观的同时，往往又能把握住世界共通的人性的因素，从而博得各国电影受众的追捧，创造一个又一个票房奇迹。

3．组织的品牌

组织品牌主要就是指打造强势的公司品牌。"中国文化产业必须以追求利润最大化的企业为核心，在提升企业竞争力的过程中，不断提高文化生产和经营的效益，创造大量的文化财富。"可见打造强势的文化产业公司品牌对整个中国文化产业发展战略十分重要。公司品牌的属性主要由公司的员工、文化、价值观等建立，它为公司品牌旗下的延伸品牌和子品牌等提供重要的信誉保证。

以动漫产业为例，打造强势的动漫品牌应该树立系统品牌的战略思维，从动漫公司品牌、产品品牌和形象品牌三大方面入手，进行系统管理。其中动漫公司品牌通常扮演担保者的角色，为产品品牌和形象品牌提供品质和信誉保证。产品品牌通过跨媒介的符号组合和传播又可以不断提升卡通形象的知名度和美誉度，它扮演的主要是一个驱动者的角色。而卡通形象品牌则应该在整个品牌系统中扮演主导地位，因为"形象生产是动漫产业的核心"。动漫产业如果开发不出成功的卡通形象，那么要实现动漫盈利是无从谈起的。管理动漫系统品牌的关键就是不能把公司品牌、产品品牌和形象品牌看成是一个个孤立的个体，而应该视为是整个系统中相互支持，有机组合的部分，从而产生一种协同效应。迪士尼在系统品牌管理方面就给中国的动漫企业提供了很好的榜样。它在营销推广每部动漫巨作的品牌宣传中，迪士尼公司品牌、动漫作品品牌和作品中的卡通形象品牌总是有机的相互支持。其中迪士尼强大的公司品牌形象为作品品牌和形象品牌提供了强有力的信誉保证和市场号召力；而精益求精的动漫作品和卡通形象的成功又反过来促进了迪士尼公司的品牌资产。

(三) 鲜明而准确的品牌定位

品牌定位就是为品牌在消费者心目中寻找一个独特的位置，它是构建品牌差异的关键所在。基于前期对目标对象、竞争者和自我特征的战略品牌分析，进行鲜明而准确的品牌定位就成为打造强势品牌的重要举措。中国文化产业的主体是一条以企业为主的协作链条，它把不同的产业参与者如文化创作者、生产商、销售商等有机连接起来，通过分工合作，使文化价值转化为商业价值。分布在这条产业链中的参与者必须清楚认识自己的竞争优势，找准自己在产业链中的位置，用一种既竞争又合作的"竞合"姿态参与产业的竞争和收益。良好的竞争态势可以更好地分配产业的资源；而建立在竞争基础上的协同合作则可以促进整个文化产业的健康发展。可见在文化产业品牌定位中，既要体现出差异化的品牌特性，又要有生态平衡的战略思维来指导我们的营销模式。

（四）文化产业品牌符号的延伸

品牌延伸就是利用已经创建的品牌进入其他类产品市场。要把质量作为品牌的根基，加强对衍生产品的品质管理，不断强化和维护品牌符号的核心价值。打造文化产业品牌目标要放长远些，依托品牌优势，运用统一品牌整合各种资源，兼并其他优良资产，把组织与品牌做大做强，形成产业集团。

按照戴维·艾克的观点，品牌延伸就是利用在一类产品中已经创建的品牌名称进入其他类产品市场。作为品牌经营的基本战略之一，品牌延伸已经成为各种企业战略增长的核心。我们知道文化产业品牌的诞生一般都经历一个"意义—品牌—产品"的过程，即是一个从无形价值到有形产品延伸的过程，可见把文化产业品牌符号的象征价值通过品牌延伸策略向有形产品领域转移是打造强势文化产业品牌的内在需求。但是文化产业品牌向有形产品延伸是有独特条件的，延伸品牌要能不断强化主品牌的核心价值，而不是削弱它的核心价值。以号称中国第一卡通品牌的三辰卡通为例，它凭借推出的系列动画长片《蓝猫淘气 3000 问》在1000 多家电视台热播而打响"蓝猫"卡通形象品牌之际，利用品牌授权和延伸策略，大胆向玩具、食品、服饰、日化等有形产品领域全面进军。在短短三年时间内，三辰卡通就授权十几家企业参与合作开发相关的衍生产品。由于缺乏相应的品牌延伸策略管理，导致带来品牌"超生"之痛。如市场上多个"蓝猫"品牌的出现，因授权企业生产的衍生产品品质出现问题而产生的许多法律纠纷等，这都是品牌延伸管理不善带来的恶果，它直接会对"蓝猫"这个形象品牌造成伤害，甚至对整个三辰卡通品牌带来消极的影响。可见在文化产业品牌向有形产品领域延伸时，必须要注重对授权企业的资质审定，加强对衍生产品的品质管理，不断强化和维护品牌符号的核心价值。

三、文化产业品牌的维护

据统计，中国文化品牌的平均寿命只有 7~8 年，而跨国公司文化品牌的平均寿命却有 11~12 年，跻身世界 500 强的文化品牌平均寿命更是长达 40~42 年。很明显，我国文化品牌的寿命太过短暂，文化品牌发展的持续性较差。企业花费大量人力、物力、财力打造的文化品牌，却在短短几年之间消失于人们的视野中，着实令人惋惜。不仅前期投入打了水漂，品牌的消亡还很有可能给企业带来灭顶之灾。解决文化品牌的持续发展问题已迫在眉睫。

大多数企业已意识到了品牌的重要性，纷纷使出浑身解数来打造品牌。然而并不是所有拥有品牌的企业都能意识到品牌维护的重要性，也不是所有意识到其重要性的企业都能很好地维护品牌。因为从某种程度上来说，品牌的维护比创建更有难度。品牌维护是一个繁复的系统工程，它不仅要求决策者有敏锐的洞察力、果断精准的决策能力，还要求决策者有抵御诱惑、躲避陷阱的能力，有冷静应对危机的能力，有持之以恒的毅力。只有做好了品牌的维护工作，才能保证品牌对消费者持久的吸引力，保证其旺盛的生命力。

（一）政府在品牌维护方面的职责

企业无疑是品牌维护工作的主体，但若没有政府的支持，企业再怎么努力都是事倍功半。在品牌维护方面政府的职责主要有以下几点。

第一，加大打击盗版力度，营造有利于文化品牌成长的市场环境。我国假冒伪劣问题一直很严重，文化领域内的盗版现象尤其严重。盗版不仅影响着正版产品的销量，而且扰乱了正常的经济秩序，对人民的身心健康都造成了恶劣影响。盗版之所以如此猖獗，一方面是因为我国法律对盗版的处罚不够严厉，另一方面也是因为正版产品的价格过高。

政府一方面要加大对盗版的处罚力度，另一方面也要着力引导文化企业降低正版产品的价格，让普通老百姓都消费得起。当有一天，正版和盗版价格差不多时，人们就不会再购买盗版产品了。这才是解决盗版问题的根本途径。

第二，建立健全相关的法律体系，为文化品牌的维护工作提供法律依据。在我国，文化品牌维护可以依据的法律主要有《中华人民共和国商标法》、《中华人民共和国反不正当竞争法》、《中华人民共和国著作权法》、《中华人民共和国专利法》。但这些法律都不是专门针对文化品牌的法律。由于文化品牌的特殊性，在适用时表现出了许多问题。建立健全针对文化品牌的法律体系，就显得尤为必要。

在文化品牌维护方面，政府能提供的仅仅是一些外部条件，关键还得靠企业自身。企业才是文化品牌维护的主体。

(二) 企业通过法律途径保护品牌

这是维护文化品牌最有效的手段。不仅品牌名称、品牌标志、商标名称、图形需要维护，构成品牌名称和品牌标志的各种要素同样需要细心呵护。

1. 商标的法律保护

从法律意义上讲，品牌即凝聚一定吸引力和价值的使用中的商标。我国《商标法》规定，经商标局核准注册的商标为注册商标，商标注册人享有商标专用权，受法律保护。

(1) 及时注册商标

商标注册是获得商标专用权的主要手段。注册实际上是履行一个法律手续，商标一旦注册成功，其他人就不能在相同或近似的商品上注册或使用与自己企业相同或近似的商标，从而可有效防止他人侵犯本企业商标的合法权益。

由于不注重商标的及时注册，文化品牌纷纷被不相关的企业和个人抢注。央视"同一首歌"被江苏一家酒企抢注，"焦点访谈"几年前被抢注为白酒商标。不仅如此，我国知名企业的著名品牌在境外注册商标的比例相当低，据有关资料显示，我国有 80 个企业的商标在印尼被抢注，有 100 个商标在日本被抢注，有近 200 个企业的商标在澳大利亚被抢注。

(2) 及时续展到期商标

我国《中华人民共和国商标法》规定："注册商标的有效期为十年。"注册商标有效期满，需要继续使用的，应当在期满前六个月内申请续展注册；在此期间未能提出申请的，可给予六个月的宽展期。宽展期满仍未提出申请的，注销其注册商标。期满之后，只要企业提出续展申请，就可以再获得十年的保护期，续展次数不限。

由于没有及时续展，商标被抢注的事件屡屡发生。本是商标所有人的企业却由于继续使用该商标而被抢注方告上法庭。要么放弃商标，要么交纳商标使用许可费，要么购回商标。无论哪种解决方式都会让企业付出沉重的代价。

(3) 注册联合商标及防御商标

联合商标是指商标所有人在同一种或者类似商品上注册的若干商标；防御商标就是在不同类别的商品或服务上注册若干相同的商标。注册联合商标和防御商标就是不给别人注册与自己相同或类似商标的机会，无论是在同种类别还是不同类别的商品或服务上，都坚决维护了商标专用权。

(4) 建立商标监测机制

通过专业部门监控品牌商标的使用和注册情况，防患于未然。为了维护自己的商标专用权，企业可聘请专业机构密切关注国家工商总局颁布的《商标公告》，充分利用法律赋予的在先使用权、异议申请权和撤销申请权。

一旦发现《商标公告》上存在与注册商标相同或近似的商标，应及时向商标局提出异议，请求予以撤销。

(5) 申请认定驰名商标

驰名商标不仅在认证途径和认证时间上享有优势，更重要的是《中华人民共和国商标法》规定："就相同或者类似商品申请注册的商标是复制、模仿或者翻译他人未在中国注册的驰名商标，容易导致混淆的，不予注册并禁止使用。"不仅如此，《中华人民共和国商标法》还规定："就不相同或者不相类似商品申请注册的商标是复制、模仿或者翻译他人已经在中国注册的驰名商标，误导公众，致使该驰名商标注册人的利益可能受到损害的，不予注册并禁止使用。"这种保护已近似于防御注册所取得的跨类别的保护效果。

2. 文化品牌名称和标志的法律保护

当文化品牌名称与商标名称一致时，文化品牌名称和标志的保护是相对简单的，通过《中华人民共和国商标法》的相关条款保护即可。然而，目前的大多数情况是，企业品牌名称常常与商标名称不一致，这时候企业可采取以下保护方式。

(1) 主动的事前保护

企业的文化品牌名称和标志要想取得事前的有效保护，最重要也最有效的途径就是实现文化品牌名称向商标名称的过渡。《中华人民共和国商标法》经多次修改，已比较完善，对企业的商标权实行全方位、多角度的有效保护。这种主动的过渡，实质上是一种对文化品牌名称标志被侵权的有效预防。"凡事预则立，不预则废。"另外一种途径就是企业在运营的过程中，密切关注其他企业是否存在对本企业品牌名称和标志的侵权行为，如果存在，立即向相关部门报告或向法院起诉，坚决捍卫自己的权利。

(2) 被动的事后保护

这主要是指在品牌名称或标志遭到侵权时，企业所采取的行动。此时，企业就不能再依靠《中华人民共和国商标法》，而要借助《中华人民共和国反不正当竞争法》和《中华人民共和国著作权法》。依据这两部法律的有关条款来保护文化品牌的名称和标志。

3. 文化品牌知识产权的法律保护

文化品牌的构成要素除了前面提到的商标、品牌名称和标志以外，还有一些要素对品牌形象具有重要意义，如文化品牌的定位主题句、广告词、代言人等。

按照我国《中华人民共和国著作权法》的有关条款，凡是具有独创性的文字、图片及影视作品，都应纳入保护的范畴。企业在塑造文化品牌形象的过程中，在媒体上所使用的一些广告语、图片和视频等，都凝聚了广告设计人员的脑力劳动。这都是企业品牌资产的重要组成部分，必须依据《中华人民共和国著作权法》的相关条款加以保护。

四、文化产业品牌的传播

中国文化产业的大发展归根结底取决于文化产品的开发以及公众对文化产品的消费，文化产业已经步入品牌传播与品牌竞争时代，作为文化产业基础的文化产业品牌，其传播具有独特规律。

(一) 提升品牌知名度是首要的传播战略

文化产品属于体验性产品，消费者没使用前是不知道其品质的，只有体验过才知道产品质量如何，因此消费具有一定的风险，因而消费者更加注重外界的评价，也导致了网络效应和马太效应的出现，即越多人使用的文化产品，其品牌价值越大；越畅销的文化产品，消费的人就越多。因此知名度非常重要，只有高知名度才会形成良性循环，很多文化产品的营销宣传费用占到很高的比例就是明证。提升文化产品的品牌知名度大致有三种策略：

1) 加大宣传费用投入；

2) 采用差异化的创意；

3) 多媒体整合营销传播。

2013 年票房火爆的电影《致我们终将失去的青春》(以下简称《致青春》)就是多媒体整合营销传播的杰作，借助微博、空间、视频网站等社交媒体进行营销，并借助主流媒体报纸的报道宣传。《人民日报》和 CCTV 都大篇幅地报道了《致青春》，并且都是赞美之词，其他媒体更是不在话下。一方面，《致青春》的火热，引发了媒体的广泛关注。另一方面，《致青春》顺应时事与"五四青年节"相关联，将传播范围达到了最大化。央视的新闻称这是"十年来内地最好的青春片"。

(二) 品牌符号的跨平台传播战略

正因为创建一个文化产品品牌的风险大，因此文化企业都重视产品品牌的延伸性。在塑造文化产品品牌时，应该注重核心品牌符号的跨平台性，即这个核心人物或核心符号、核心理念应该具备一定的平台普适性，过于局限于某种载体或某个地域的话，就很难实现品牌延伸，不能实现社会效益和经济效益的最大化。

中国传媒大学动画系学生王卯卯创作的兔斯基形象，因为其简洁和乖巧，受到很多企业的青睐，目前通过授权方式，开发出了跨越行业的产品，包括书籍、QQ 表情、手工艺品、相机、服装等。

2015 年 1 月 9 日《星球大战：原力觉醒》(以下简称《星战》)在中国上映，首天斩获 1.5 亿元票房。这场横扫全球的"星战飓风"登陆中国的同时，《星战》

品牌的传播攻势已经上升到全新等级。在《星战》还没上映时，其中的全新角色就抢占先机，它甚至不是人，而是一个超萌的球形机器人 BB-8。就连已经停掉的台湾著名访谈类节目《康熙来了》中，也可以见到它的身影。和其前辈 R2-D2 站在一起也丝毫不输人气。而另一大玩具巨头孩之宝也推出了超大尺寸全新钛战机玩具，堪称豪华梦幻装备。就连珠宝品牌周大福也适时推出了星战合作款，与全球影迷重温"星战经典"。此外，瞄准 8 亿 QQ 用户与 QQ 合作，嫁接在这个平台之上的表情、主题、背景等虚拟衍生品，在用 QQ 电话时，可以闪现星战主题的"来电动画"，以及 QQ 空间装扮和"天天 P 图"的贴纸。

（三）产品品牌与企业品牌同步传播

《喜羊羊与灰太狼》出品公司是广东原创动力文化传播有限公司，公司知名度低于其知名产品品牌，这种品牌传播战略存在一定的问题。如果公司知名度和美誉度也如同旗下产品品牌一样高的话，那么公司将来推出的产品也较容易获得"背书效应"。迪士尼就是成功的典范，旗下既有知名的产品品牌如《米老鼠和唐老鸭》、《狮子王》、《人猿泰山》，同时公司品牌也非常知名，公司推出的文化产品都非常畅销。再如李安导演，也适合用此框架分析，他导演的作品就是产品品牌，如《少年派的奇幻漂流》、《断背山》、《卧虎藏龙》，他自己就如企业品牌，这两者的知名度都非常高，出现了"李安出品，必属精品"的口碑效应。

（四）品牌文化传播的正能量原则

因为文化产品品牌的外部性特征，不是单纯满足消费者的物质功能需求，其具有一定的社会功能与文化功能，因此过于小众和过于激愤、阴暗的文化产品品牌都很难获得长远的发展。从国内外成功的文化产品品牌案例来看，这些品牌的文化内核都是积极向上、宣扬主流价值观的。

2013 年，湖南卫视亲子励志成长节目《爸爸去哪儿》横空出世，不但拿下同期收视率全国第一，"零差评"的超强口碑，而且一夜之间全国观众似乎立刻切换到"亲子时间"。亲子元素、明星阵容、户外探险，结合三者的综艺节目汇集了超强的人气。品牌文化越具正能量，就越具有广泛的吸引力和长久的生命力。

第三节　文化产业集约效应的发挥

文化产业集群化管理模式中，最大的效应是管理的集约化。通过产业基地和产业园区的发展，实现集群化管理，有效地降低或减小管理成本，并尽可能地规避经营管理风险，通过集中的竞争方式提高企业的核心竞争力，促使产业的良性健康发展。

一、降低成本，实现利润最大化

文化产业的集聚化管理能够节约企业与外部环境交易、联系所发生的成本，从而使集群内的企业获得更多的外部经济效应，实现利润的最大化。就文化产业而言，集群化管理所带来的集约化效应，将会极大地降低成本，从而实现利润的最大化，创造更多的外部经济效应。

文化产业集群内的企业具有成本优势，可以在区域内实现最低成本。

1) 搜寻成本：搜寻成本的降低主要表现为客户、人才搜寻成本的降低，这是由于产业集群的存在，使得有关客户和人才的信息更加集中。

2) 生产成本：集群内会聚集了众多的相关产业，企业本身可以非常方便地与其他企业进行比较，以此确定自己的比较优势，从而降低整个集群的生产成本。

3) 学习成本：学习成本分为显性知识学习成本和隐性知识学习成本。显性知识可以通过培训或各种媒介获得，集群内具有在资金、技术等方面可以提高企业家或员工能力的完善条件，为集群成员提供了良好的学习环境；隐性知识只能通过平时的交流才能获得。在集群内部，由于地理位置接近，同行业的生产厂商、供应商、重要雇主及其他相关厂商或个人经常聚集在一起，会自然形成人际间的频繁交流与接触，从而使得管理经验和生产技能得以在集群内迅速扩散，进而降低隐性知识的学习成本。

4) 采购成本：集群内部主导产业的市场占有率一般都比较高，可以进行大批量购买，所以他们具有很强的议价能力。

5) 代理成本：在单个企业中，代理人(经理人和普通员工)的识别难度较大，花费的成本也很大。但在集群内部，因为有更多其他的企业作为参照物，因而委托人较易识别代理人，从而降低代理成本，保证代理水平。

6) 银行信贷成本：信贷成本是银行与中小企业从事信贷交易时所花费的时间和金钱，它包括谈判成本、监督成本和其他交易费用等。银行不愿给企业贷款的主要原因是信贷成本过高．但是在集群内部，由于交易对象和交易空间相对稳定、信息对称度高，银行的信贷成本大为降低。

综合起来分析，集群化、集约化管理所带来的成本优势表现为：企业更易得到外部的服务，产业链交易成本降低。大量文化企业可以集中优势力量进行专业化，在共享集群内相关行业所提供的专业化服务、基础性设施以及劳动供给和培训基础上，利用地理上的接近性建立相互依存的关系，并可以通过合作、合资或建立联盟进行合作生产，共同建立产业链，降低内部物流费用等，进而降低各自的运行成本。文化产业集群内的大量企业组成了完整的生产价值链，而且大部分企业都分布在其中，承担某一种生产功能，中间产品可能大量为内部企业自行消化，这就形成了文化产业集群的规模化效应。

所以，区域内产业集群的企业就具有了明显的成本优势，可以保障其最大限度地降低成本，实现利润的最大化，从而保证企业及集群的市场竞争力。

二、文化力形成核心竞争力

对于外部市场来说，园区内的企业间又可以形成合作伙伴的关系，通过各种交流活动保持一个持续和稳定的发展关系，形成经验和知识的流传性。文化生产的核心目标是创造文化价值，而文化价值是人创造的。在人的创造活力与创新精神中，继承传统文化是必不可少的。一个良好的文化创意产业园区的形成也是需要一定时间积累的，这种积累有利于培植该区域的人文环境。

文化是文化产业的灵魂，也是文化产业集群的鲜明标志。与其他产业集群不同，文化产业集群以鲜明的文化特征为标志，每一个企业都有不同的文化特点，隶属于不同的文化种类。文化不仅是联系整个产业集群的纽带，而且还引领着整个产业集群的发展。在文化产业集群内，其生产的文化产品和服务都有某一个共同的文化内涵，每一个文化企业和机构都从事和服务于将文化内涵产业化和规模化的某一个环节，文化成为支撑整个集群发展的产业链的纽带。

如果产业集群对文化的展示和传播不力，文化产业集群就难以形成。文化产业的文化基础是大众文化，在工业化时期，它主要是一种以休闲为主要内容并对立于工作、劳动的文化，更多地反映工业社会中人们的内心焦虑和紧张心理，更多地强调开心、放纵、享受等，更多地体现为以娱乐性、益智性、消遣性为特征的经营性文化大量出现。基于大众文化的这种特性，竞争力在大众文化传播中的作用非常重要。如何增加"点击率"、增加"人气"等，是大众文化要面临的问题。而文化企业扎堆的文化产业群以其独具的特殊魅力，可以迅速吸引人们的注意力，促进大众文化的发展。此外，文化产业集群自身也是大众文化爆发的平台。当众多文化企业和艺术家聚集在一起时，思想的碰撞就显得非常激烈了，集群内激烈的市场竞争也为身在其中的艺术家提供了丰富的素材。这样，产业集群便与大众文化形成了良好的互动。产业集群越发达，大众文化就越兴盛；反之亦然。欧尔·路易的描述也许为我们提供了一种印证："凡是曾经雄视一世的世界各大都会——巴比伦、亚历山大、雅典、罗马、威尼斯、巴黎都是一律的，它们的生活越放荡，它们的威势亦越大。仿佛它们的荒唐是它们繁盛的必要的原因。"

此外，一个文化产业集群能够落户某地，很重要的原因就在于该集群在当地有深厚的文化根基。创新的促进性，是由于大量良性竞争者的存在，该地区的文化企业在分享知识溢出效益的同时，就可以最大限度地激发、鼓励企业的创新潜能。

三、发挥优势规避风险

当前，我国文化产业的集群化趋势已越来越明显，主要表现为文化产业园区大量涌现、产业聚集效应初步显现。其中服务平台建设完备、人力科技资源丰富、链条体系相对完整、产业集群化程度高和示范作用明显等特点，在促进资源整合、实现要素聚集和营造创新氛围上具有独特优势，为文化产业的发展提供了丰富的载体和广阔的空间，同时也为文化产业的管理提供了良好的平台。

在文化产业集群内，由于产业链的拉动和延伸，各个环节上的众多企业开始聚集。由于企业的汇聚，竞争随之愈加激烈。随着市场竞争的日益全面化，企业必须充分发挥自身的优势和产业集群的资源优势，做到更加专业与专注，从而规避更多的风险。同时，集群内由于集约化管理，形成了产能的互补性，即该地区的企业在专业优势上差异明显而又相互补充，因而能在分工的基础上彼此协作，发挥产业集聚的外部经济效能，提高产业竞争力。同时各企业又可以发挥各自的优势，规避因缺乏优势而带来的风险，主要表现在以下三个方面。

(一) 提升产业整体竞争力

同一产业相关的企业群聚在一起，相互协作和竞争，能够提高产业的竞争力。在产业集群形成后，可以通过加强协作、共享专业化信息、提高效率、降低成本、刺激创新和相互竞争等途径，提升整个区域的竞争能力，并形成一种集群竞争力。在其他条件相同的条件下，集群将比非集群更具竞争力。

竞争是产业获得核心竞争力的重要动力，集群加剧了竞争，表现为市场合作和争夺。由于地理位置接近，产业集群内部的竞争自强化机制将在集群内形成"优胜劣汰"的选择机制，刺激企业去创新和拓展。在产业集群内，大量企业集中在一起，既展开激烈的市场竞争，又进行多种形式的合作。而既有竞争又有合作的机制，其根本特征就是集体行动、互动互助。

(二) 增强企业创新能力

文化产业集群不仅有利于提高生产效率和核心竞争力，也有利于促进企业在观念、管理、技术、制度和环境等多方面的创新。

集群是培育企业学习与创新能力的温床，可以为企业提供良好的创新氛围，企业因彼此接近，在隐形竞争压力下便会不断进行技术和组织管理创新。在新经济时代，相互关联、高度专业化的产业有规律地集聚，企业在空间上接近，在产业文化背景上相同，这不仅加强了显性知识的传播与扩散，也加强了隐性知识的传播与扩散，因此集群有利于促进知识和技术的转移扩散。集群内，因为地理位置接近，企业相互之间可以频繁地交流，从而为创新提供更多的学习机会。建立在相互信任基础上的竞争合作机制，有助于加强企业间的技术创新合作，降低企业技术创新和新产品开发的成本。

(三) 充分发挥文化产业集群的比较优势

产业集群所具备的规模经济性、知识积累性、范围经济性和学习创新性将对文化产业集群的发展产生巨大的推动作用，文化产业集群的发展也将反过来强化文化产业集群所具备的各类天然优势。因此，发挥文化产业集群自身的比较优势同样能够规避更多的市场风险。

参 考 文 献

陈少峰，张立．2011．文化产业商业模式[M]．北京：北京大学出版社．

陈少锋，朱嘉．2010．中国文化产业十年[M]．北京：金城出版社．

冯子标，焦斌龙．2005．分工、比较优势与文化产业发展[M]．北京：商务印书馆．

冯子标．2010．文化产业运行论[M]．北京：社会科学文献出版社．

顾江．2007．文化产业经济学[M]．南京：南京大学出版社．

郭鉴．2007．地方文化产业经营[M]．杭州：浙江大学出版社．

何敏．2011．文化产业政策激励与法治保障[M]．北京：法律出版社．

何群．2016．文化产业管理学[M]．北京：中国人民大学出版社．

胡惠林．2005．文化产业概论[M]．昆明：云南大学出版社．

胡惠林．2006．文化产业学[M]．上海：上海文艺出版社．

花建．2001．产业界面上的文化之舞[M]．上海：上海人民出版社．

花建．2011．文化产业的集聚发展[M]．上海：上海人民出版社．

黄飚．2003．文化行政学[M]．上海：上海文艺出版社．

金元浦．2012．中国文化概论[M]．北京：中国人民大学出版社．

李军．2005．文化产业与文化管理[M]．北京：经济日报出版社．

李思屈．2012．中国文化产业政策研究[M]．杭州：浙江大学出版社．

李向民，王晨．2015．文化产业管理概论[M]．北京：清华大学出版社．

李向民，王晨民，成乔明．2006．文化产业管理概论[M]．太原：书海出版社．

刘宏．2001．中国传媒的市场对策[M]．北京：北京广播学院出版社．

马萱．2011．我国区域文化产业竞争力研究[M]．北京：社会科学文献出版社．

欧阳坚．2011．文化产业政策与文化产业发展研究[M]．北京：中国经济出版社．

宋桂友．2014．文化产业管理概论[M]．重庆：重庆大学出版社．

孙安民．2005．文化产业理论与实践[M]．北京：北京出版社．

孙连才．2012．文化产业教程[M]．北京：中国传媒大学出版社．

孙萍．2006．文化管理学[M]．北京：中国人民大学出版社．

汤宗舜．1999．知识产权的国际保护[M]．北京：人民法院出版社．

魏鹏举．2010．文化创意产业导论[M]．北京：中国人民大学出版社

向勇．2011．文化产业应用理论[M]．北京：金城出版社．

熊澄宇．2012．世界文化产业研究[M]．北京：清华大学出版社．

徐浩然，雷琛烨．2006．文化产业管理[M]．北京：社会科学文献出版社．

詹成大．2009．文化创意与传媒产业研究[M]．北京：中国广播电视出版社．

詹一虹．2017．文化产业管理概论[M]．北京：中华书局．

张帆．2011．文化产业与文化创新[M]．镇江：江苏大学出版社．

张胜冰，徐向昱，马树华．2006．世界文化产业概要[M]．昆明：云南大学出版社．

赵晶媛．2010．文化产业与管理[M]．北京：清华大学出版社．

赵阳，徐宝祥．2012．文化产业政策与法规[M]．广州：中山大学出版社．

赵玉忠．2012．文化产业经营合同实务[M]．北京：经济管理出版社．

郑成思．2003．知识产权法[M]．北京：法律出版社．

朱希祥．2003．文化产业发展与文化市场管理[M]．上海：华东师范大学出版社．

邹广文，徐庆文．2006．全球化与中国文化产业发展[M]．北京：中央编译出版社．